CHANGE THE WORLD

改变世界（五）

中国杰出企业家管理思想精粹

苏 勇 主编

王基铭 周健工 赵纯均 陆雄文 秦 朔 | 联袂推荐

图书在版编目（CIP）数据

改变世界：中国杰出企业家管理思想精粹. 五 / 苏勇主编. -- 北京：企业管理出版社，2020.7

ISBN 978-7-5164-2156-7

Ⅰ.①改… Ⅱ.①苏… Ⅲ.①企业管理—中国—文集 Ⅳ.①F279.23-53

中国版本图书馆CIP数据核字（2020）第094169号

书　　名	改变世界（五）：中国杰出企业家管理思想精粹
主　　编	苏　勇
责任编辑	徐金凤
书　　号	ISBN 978-7-5164-2156-7
出版发行	企业管理出版社
地　　址	北京市海淀区紫竹院南路17号　邮编：100048
网　　址	http://www.emph.cn
电　　话	编辑部（010）68701638　发行部（010）68701816
电子信箱	qyglcbs@emph.cn
印　　刷	北京环球画中画印刷有限公司
经　　销	新华书店
规　　格	170毫米×240毫米　16开本　12.5印张　170千字
版　　次	2020年7月第1版　2020年7月第1次印刷
定　　价	88.00元

版权所有　翻印必究　·　印装有误　负责调换

《改变世界（五）：中国杰出企业家管理思想精粹》编委会

主　编：苏　勇
主　任：黄丽华　苏　勇　杨宇东
委　员：秦　朔　汪　钧　李萌娟
　　　　朱韶民　赵海龙

序言：企业的长期主义

大约10年前，我曾读过一本管理学名著《基业长青》，以后又一读再读。该书作者选取了18家卓越的成功企业，主要研究那些企业在各个发展时期的状况，研究他们如何应对世界发生急剧变化（两次世界大战、经济大萧条、革命性的科技进步、文化动荡等）而依然基业长青。书中通过旁征博引，对这些高度成功、富有生命力的高瞻远瞩的公司在企业战略、组织、流程再造、企业文化及企业接班人培养等方面均做了精辟透彻和生动深入的分析，并对该书中鲜活确凿的个案进行梳理、剖析、凝练和升华，为读者认知大公司提供了深层次、多维度及令人信服的比照和可供借鉴的先进管理思维方式，从不同侧面演绎与诠释了世界著名企业长盛不衰的发展史。

当今世界，国际经济、政治形势风云变幻，企业竞争也日益激烈而复杂，《基业长青》中那些企业，有的已辉煌不再，有的甚至已经易主，这不禁令人感叹企业经营之不易，也凸显企业长期主义的重要性。美国一家研究机构用了20年时间跟踪了500家世界大企业，发现他们始终如一坚持四种价值观：①人的价值高于物的价值；②共同价值高于个人价值；③社会价值高于利润价值；④用户价值高于生产价值。如果我们进一步归纳，可以总结为长期主义的四个关键词：人、协同、社会、用户。将人才作为第一资本，更好地注重协同而不是个人英雄主义，更注重企业社会责任，并且始终将用户价值放在首位，这才是企业长寿的密码。

在一个现代社会中，为什么要有企业存在？企业经营的意义究竟是什么？股东利益是公司最重要的目标吗？我们应该如何认识公司的根本使命？这一系列颇具哲学意义的命题，是每一个企业经营者和管理者要认真思考的问题。长期以来，以经济学家弗里德曼为代表的观点认为，企业经营只有一个目标，就是股东利益最大化，任何其他目标的存在都会损害股东利益。但是，2019年8月19日，包括苹果公司CEO库克、亚马逊CEO贝佐斯在内的181家美国顶级公司的首席执行官，在华盛顿召开的美国商业组织"商业圆桌会议"（Business Roundtable）上联合签署了《公司宗旨宣言书》。它重新定义了公司运营的宗旨，宣称：股东利益不再是一个公司最重要的目标，公司的首要任务是创造一个更美好的社会。这是一个重要的信号，它历史性地终结了以股东利益最大化为信条的经营理念时代，为企业在创造经济价值的同时，创造社会和环境多重共享价值打开了通途。

"改变世界——中国杰出企业家管理思想访谈录"大型研究项目，已经进行到第5年，共访谈了39位企业家。在刚过去的2019年，我们访谈了中国飞鹤有限公司（以下简称飞鹤）冷友斌、远东控股集团有限公司（以下简称远东）蒋锡培、好孩子集团宋郑还、天能电池集团股份有限公司（以下简称天能集团）张天任、科瑞集团有限公司（以下简称科瑞）郑跃文、新奥集团王玉锁共6位中国杰出企业家。在面对面的访谈过程中，这些企业家不仅畅谈了自己的管理理念、思想和智慧，而且谈到如何追求企业长期发展，企业要更好地为社会做出贡献，从而为企业发展创造良好的社会环境。

致力于生产"更适合中国宝宝体质的奶粉"的飞鹤冷友斌，对国人去境外背奶粉深以为耻。飞鹤的理念是质量绝不能给成本让路，坚决倡导质量第一，因而获得了广大消费者的信任，在三聚氰胺危机之后销量一路飙升。远东集团蒋锡培，不仅为航天设备机构和武汉雷神山医院等社会方方面面提供高质量产品，而且尤为不易的是，多年来一直注重为残障人士提供就业机会，为社会做出多种贡献，因此获得社会很高的评价。好孩子集团则将童车产品做到了全世界第一，并一

序 言

直坚持执行比欧盟更高的质量标准,将产品质量做到极致。天能集团作为世界领先的电池生产商,投入大量人力、物力在电池的循环利用上,为社会提供清洁能源。科瑞在并购一系列企业之后,有效提升这些企业的运营质量,力求这些企业的可持续发展。新奥集团则致力于提供多种能源的解决方案,为节能环保做出自己的贡献。

企业家是社会稀缺和宝贵的财富,也是企业兴亡的关键,在中国更是如此。无论是对于企业的长远发展,对经济秩序和商业文明乃至整个社会的影响及作用,企业家的作用远不是一个普通商人所能相比的。但并非每一个从事商业活动的人士都可以被称为企业家,商人只是一种职业,但企业家则不同,其被赋予了崇高意义和社会使命。被誉为日本"经营之神"的稻盛和夫说过,企业是社会公器,而掌握企业命运的企业家有责任和义务遵循人间正道,把好企业经营的方向盘,同时自身养成足以担当这一职责的高尚人格。因此,只有那些具备使命感、责任感,具备高尚人格,为全社会创造出多种价值的企业领导者,才可当之无愧地被称为企业家。

当我写下这段文字时,全球正面临着新型冠状病毒肺炎肆虐的巨大灾难。剧痛使我们深思,我们从来没有像今天这样深刻地认识到:一个健康、美好的社会,对于身处其中的每一个组织、每一个个人具有如此至高无上的重要意义。"皮之不存,毛将焉附?"只有与环境友好相处,做到可持续发展,每一个社会组织和每一个个体的生命意义才会存在。杰出企业家以他们卓越的管理思想和实践正在行动着。

复旦大学管理学院教授
复旦大学东方管理研究院院长
2020年2月

目　录

经典语录

冷友斌
鹤舞东方

蒋锡培
胜寸心，胜苍穹

宋郑还
自我颠覆者

张天任
蓄能而发

郑跃文
接力的冲刺者

王玉锁
不安与变革

经典语录

● 质量不能给成本让路。
　　　　　　　　——中国飞鹤有限公司董事长　　冷友斌

● 心是道的源泉，道是德的根本，德是事的根源。
　　　——远东控股集团有限公司创始人、董事局主席、党委书记
　　　　　　　　　　　　　　　　　　　　　蒋锡培

● 我是第一，因为我可以是第一。
　　　　　　　——好孩子集团创始人、董事局主席　　宋郑还

● 不要说1‰概率太小，1‰对一个客户来说就是百分之百的质量问题，一定要有工匠精神。
　　　　　——天能电池集团股份有限公司董事局主席　　张天任

● 企业要成为员工的利益平台、发展平台和情感平台。
　　　　　——科瑞集团有限公司董事局主席　　郑跃文

● 客户牵引，创值方存。
　　　　　——新奥集团董事局主席　　王玉锁

冷友斌
鹤舞东方

主 持 人：苏　勇　复旦大学管理学院教授、博士生导师
　　　　　　　　　复旦大学东方管理研究院院长
访谈对象：冷友斌　中国飞鹤有限公司董事长
访谈时间：2019年5月6日
访谈地点：中国飞鹤有限公司北京总部

苏　勇：各位观众，大家好！今天非常高兴，我们"改变世界——中国杰出企业家管理思想访谈录"项目组有幸在中国飞鹤有限公司（以下简称飞鹤）北京总部访谈冷友斌董事长。谢谢冷董事长。

冷友斌：谢谢。

苏　勇：冷董事长，您当初怎么会做乳业？

冷友斌：当初，我们单位是黑龙江农垦局的下属单位，重点发展的产业之一是乳业。当时，单位送我到上海学习。我学的就是乳业专业，毕业后又回到农垦，继续干乳业。

苏勇教授访谈冷友斌董事长（右）

苏　勇：所以，您是一辈子和乳业打交道？
冷友斌：对。其实，我十几岁开始就做这个。

苏　勇：您是在农场里长大的吗？
冷友斌：对。我在赵光农场长大的。

苏　勇：到现在已经做很多年了。
冷友斌：对，如果从在家养牛开始算的话，已经快40年了。

苏　勇：1990年左右回到黑龙江后，您先在什么地方工作？
冷友斌：我回去后是在赵光农场里做技术员，负责研发、产品质量、对外合作等工作。

苏　勇：做乳品厂的技术员？
冷友斌：对。

苏　勇：您是从什么时候开始走向经营管理岗位的？
冷友斌：做了一年多的技术员后，我就当上了主管经营的副厂长，负责营销、对外合作和产品开发。

苏　勇：那是哪一年？
冷友斌：1991年。

苏　勇：不再是纯粹的技术工作，而是开始从事经营管理了吗？
冷友斌：对。

苏　勇：之后，是怎样的契机让您自己办企业的？
冷友斌：1991年，我做副厂长；1992年年底，我就当上了厂长。当时的企业规模比较小。

苏　勇：当时有多少人？
冷友斌：200多人。

苏　勇：在当时也算有点规模。
冷友斌：对，在黑龙江是有点规模的，算是一个中型农场。当时，农场缺人才，就把年轻人提到管理岗位，其实我也不太会管理企业。

苏　勇：就在实践中开始摸索。
冷友斌：对。当上厂长以后，我对产品创新做了非常大的提升。

苏　勇：怎么创新的呢？

冷友斌：我们原来是做全脂加糖奶粉、全脂加锌奶粉的。我当技术员、副厂长和厂长的三年间，开始研究和开发婴儿配方奶粉，称为母乳化奶粉，分一段、二段、三段。应该说，在行业里做婴儿奶粉的企业中，我们是排在前面的。

苏　勇：当时这个概念还是挺新的吧？分成一段、二段、三段。

冷友斌：非常新。原来的婴幼儿奶粉是不分段的，后来我们细分了年龄段，因为各个年龄段的营养需求是不一样的。从此，我们就由一个做普通奶粉的企业变成做婴幼儿奶粉的企业，这个过程是挺有挑战性的。当时，大家对婴幼儿奶粉没有什么深的概念，包括配方设计，尤其是品控方面。原来我们做的是大众产品，而婴幼儿奶粉，我们是较早介入的。当时，我认为，婴幼儿奶粉是个刚需产品，只要母亲们没有母乳了，就必须用婴幼儿奶粉，婴幼儿奶粉是未来乳业非常重要的一个发展环节，而且是可持续的，所以，我们下决心做这个行业。

苏　勇：有没有什么故事可以和我们分享一下？比如，您提出母乳化的奶粉，包括分段等，有没有人会不以为然？

冷友斌：我们当时做了两方面的改革，一是产品改革和创新，开始做婴幼儿奶粉；二是对整个企业内部管理、组织架构进行改革。当时的企业还是"大锅饭"，我们就先打破原来的工资制度，大家对此非常有意见。后期，我们把年龄拉到一个段上，开一部分的工资，剩下的实行岗位考核。刚开始是挺有难度的，但到了第二年、第三年，大家就接受了。

在产品研发上，我们下了很大功夫。本身我就是学这个专业的，我们十几个大学同学一起去研究有方向和有潜力的新产品。更重要的一点，我们要提升产量和效率。原来，产品是跟着市场走，今天好卖，就能卖出去，可能有点利润。如果不好卖，就全成为库存。客户来了，拿钱卖货，没有客户来，就全放在库里，没有品牌和营销意识。我当厂长以后，开始逐渐改变，成立销售公司，配对全国做市场。

苏　勇：那是20世纪90年代初？
冷友斌：对

苏　勇：意识还是非常超前的。
冷友斌：对，在全国也是走在前面。我们和我曾实习过的哈尔滨的一家国家级乳品中心合作，借助国家研发机构的力量一起开发新产品。

苏　勇：后来是什么样的契机让您开始自己办企业的？
冷友斌：从1992年到2001年，我在国有企业先后做了十年，先是当厂长，改制后做了总经理，成立集团后又担任集团总经理。到2001年，那时候企业的规模也不算是很大。

苏　勇：大概有多大？
冷友斌：在黑龙江农垦系统里有了一定的知名度，销售额在3500万元~4000万元之间。

苏　勇：在农垦系统里面的排名怎么样？
冷友斌：排在第二位。

苏　勇：当时类似的乳品厂应该有很多吧？
冷友斌：170多家。

苏　勇：您排在第二位吗？
冷友斌：在农垦系统的67家企业里排第二，在全国排十几位。

苏　勇：应该还是不错的。

冷友斌：对，那时候还是不错的。1999年，企业开始转制，员工持股20%，后来增至49%，国有占51%。2000年，员工实现100%持股。2001年，我们做了一个很大的规划，要实现"三个一"的目标，也就是"一亿销售，实现一千万利润，一千万的税收"。

苏　勇：定了销售额一个亿的目标？

冷友斌：对，是很有挑战的，要从三千多万做到一个亿。但是，大家都有信心。一方面，企业机制发生了变化，充满活力和动力；另一方面，我们不甘心，因为大家学的是乳业，做的也是乳业，想在这个行业中产生知名度。那一年，我们都非常兴奋，也都很努力。但是，2001年4月，农垦系统确定了一个战略，要把农垦所有的乳业企业兼并收购，成立完达山集团，做乳业中的"航空母舰"，和上海的光明乳业和内蒙古的伊利乳业竞争，实现全国布局。所以，2001年，我们厂被农垦收回去了。

苏　勇：那员工的股份怎么办，农垦局回购吗？

冷友斌：是的。但是，我已经看到了改制带来的效果，给员工带来的激情，大家都想做事，所以我决定单干。我就和员工讲，愿意跟我走的，第二天早上告诉我，愿意留在本单位的，就继续留下，因为是国有企业。

2001年6月28日，我正式离开，到了现在齐齐哈尔下面的克东县，用248万元买下一个倒闭的乳品厂，开始改造，飞鹤进入二次创业阶段。农垦局为什么会把飞鹤品牌留给了我们呢？企业改制后，企业和奶源基地都被收走了，没有人接债。农垦局的人来找我，问能不能把债务也接走？如果接走，就把飞鹤这个品牌给我。我就接了1400万元的债，带走了飞鹤这个品牌。

冷友斌——鹤舞东方

中国飞鹤有限公司冷友斌董事长

苏　勇：1400万元的债务负担挺重的，品牌毕竟只是一个无形资产，虽然是有价值的。

冷友斌：那时候应该说没有什么价值。我们当时注册了金鹤、银鹤，飞鹤还没有那么高的知名度，重新打造一个品牌也没有那么难。但是，如果飞鹤这个品牌继续在，形势会不一样，消费者、经销商、供应商也都会有信心，觉得企业只是搬了地方，飞鹤仍然存在。所以，我们就接了债务，当时没有钱，就分期还。

飞鹤的真正发展和崛起是在二次创业中。"飞鹤"这两个字起源于齐齐哈尔的扎龙，那里是丹顶鹤的故乡，这里好多品牌都与鹤有关，飞鹤、华鹤、松鹤、鹤王、丹顶鹤等，都是奶粉品牌。我们到了齐齐哈尔以后，真正实现了发展，所以，很多人都讲，你这个"鹤"回到老家了。

苏　勇：中国的乳粉业，尤其是婴儿配方乳粉，市场容量大概有多大？
冷友斌：按尼尔森调查数据，不包括海淘，以及出国往回带的产品，大约有900亿元，全算下来有1200亿元。

苏　勇：您当时用248万元买下这个厂，开始二次创业，是如何一步步把飞鹤品牌，包括这个企业发展起来的？里面有什么样的故事，做了哪些具体的管理工作？
冷友斌：做了很多工作。实际上，我从事这个行业的时间比较长，经历过各种风雨，只有我们了解这个行业的痛点和症结，以及为什么这个行业总会出各种问题。实际上，问题的核心都在奶厂。因为当时的奶源模式是一家一户养，千家万户养牛形成的奶量，这种模式无法实现科学饲养和规模饲养，包括饲料、配方等。因为牛也需要营养，没有统一的规范，老百姓家里有什么就喂什么，今天种玉米了，就喂点玉米，或者就是秸秆、豆皮、玉米秸等。奶的品质就很难把控，也很难持续。

　　更为重要的是，一个乳品厂要面对上万个奶牛户，他们的观念和意识参差不齐，有好的，也有一些不法分子，那时候还有中间商，称为奶贩子。

苏　勇：还不是直接对着奶农？
冷友斌：对，因为太散了，企业根本做不到一家一户去收奶，所以就产生了中间商，他们负责收奶、送奶。奶粉掺假、涉假问题多数是在这批人身上。我们就认识到，如果不改变奶源，不改变原奶的品质，不实现规模经营和科学饲养，这个行业就永远不会有光明的一天。所以，2001年，我先在奶源上下功夫。最多的时候，我建了500多个机械化奶站。老百姓负责养牛，到我的奶站挤奶，保证不掺假、使假，有人看着他们。

苏　勇：农户把奶牛牵到您这里来挤奶吗？
冷友斌：对，我们建标准化奶站。另外，我们还建了饲料厂，把饲料免费送给养牛户，以此保证牛奶的高品质。后来，我们发现这种模式还是不行，只能解决掺假问题，但解决不了品种改良、科学饲养、提高单产等问题，奶的品质还是无法达到我们的要求。我们就去考察了全世界规模养牛的国家和大牧场，希望找到一条路来改变中国乳业的现状。2006年，我在美国看到了他们的大型牧场后，决定要建规模化牧场，那一年就建了两个万头牧场，当时在中国还没有万头牧场。

苏　勇：您是第一个建的？
冷友斌：我记得，当时要在黑龙江建万头牧场是要去报批的，还要召开论证会。当时，专业人士没有一个人同意，别说建万头的，建千头的牧场，全中国都没有几个。

苏　勇：他们为什么不同意？
冷友斌：在他们的观念里，一千头牧场都是大的，建万头的，是不可想象的。

苏　勇：建万头牧场大约要多少地？
冷友斌：大约1500亩，非常大。你管一万个人都很难，人还能说话，管一万头牛，它们不会说话，难度非常大。我们用信息化是用得最早的，用先进技术把这些牛管起来，不用人来管。我们牧场的一万多头牛，只需要200多人，采用了以色列和美国，包括欧洲的高科技手段来养牛。2007年，牧场开始产奶，2008年出现了三聚氰胺。当时，全国没有三聚氰胺的企业，飞鹤是其中一个，因为我们有自己的奶源，有自己的基地，能控制住源头，产品质量和安全就有了保证。我做产业集群模式，从土地开始，到牛吃的饲料都由我来控制。我在国有企业做过十年厂长，还有四年是做农场的副场长。

苏　勇：兼任农场的副场长？
冷友斌：对，所以我对农业、畜牧业都不陌生。我做了一个产业集群，牛吃的饲草、饲料是专属农场种植和加工的，牧场负责养牛，整个产业链是我完全控制的，让牛从入口开始就是安全的，就是有机的、生态的。

苏　勇：2018年夏天，我去过齐齐哈尔，看到你们的专属农场，印象很深。
冷友斌：那是2006年我们建的第一个牧场。

苏　勇：以前，我认为饲料只是一般性的东西。听您介绍后，我才知道，饲料也分很多种，要有配方，里面的营养成分也不一样。
冷友斌：我们做婴幼儿奶粉，是按照母乳的黄金标准为婴幼儿提供全营养的配方，包括脂肪、蛋白、碳水化合物、抑制因子、免疫因子、低聚糖类等。想做成好的配方奶粉，一定要研究本国、本地的母乳成分。我们小时候吃的就是母亲的奶，越接近本国母乳配方的奶粉就越是好的婴幼儿奶粉。

　　牛也是一样。我们根据牛的营养需求来配比饲料，这样，牛才能健康，才能产出更好的奶，用更好的奶才能加工出更好的婴幼儿奶粉。从2001年开始找奶源，2006年建大牧场，一直到2019年，差不多走了20年的时间。做乳企，如果没有一个非常强大的基础做品质保障的话，是很难在市场上站住脚的。

苏　勇：2008年，我国发生了三聚氰胺事件，飞鹤没有被查出问题，但是，这个事件对整个中国乳品行业来说是一个毁灭性的打击。当时，飞鹤面临什么样的情况？您的心情是怎么样的？

冷友斌：我觉得，这是我们行内人的耻辱，也是对消费者的不负责任。

苏　勇：当时，飞鹤的销售量有多少？

冷友斌：2008年，我们大约是8亿元的销售量。

苏　勇：这个事件之后，飞鹤的销售量下降了吗？

冷友斌：没有，因为我们没有三聚氰胺。2008年反而成了我们发展的节点，2008年的销售量有8亿元左右，2009年就接近20亿元，实现了10亿元以上的增长，因为中国人都知道飞鹤没有三聚氰胺。后来我们又开展了品牌宣传、渠道突破等一系列动作。但是，当时我很上火，还去医院挂了盐水。

苏　勇：为什么上火？

冷友斌：三聚氰胺这个事件已经非常严重了，全国的奶粉都在下架，销售在停摆，消费者在观望，小孩子没有奶吃。虽然我们认为自己的产品肯定是没有问题的，但是还要看中央主流媒体和质监局的反馈。我一听到新闻上说飞鹤没有问题后，就把针拔了下来。我记得，当时看新闻的时候，我的手心都在出汗。

有一点让大家很欣慰，这么多年的辛苦终于得到了验证。我们做产业集群的时候，行业里基本上没有认可的，都说飞鹤人脑子有问题，大家都在作市场、作销售，就你关注养牛，关注农民，还要投入这么多的资金。众所周知，人可以一顿不吃饭，牛却是要顿顿吃的，一顿也停不下来。当时，我们公司所有的财力、人力、物力都用在种饲草、造饲料、养牛上，以保证专属牧场的顺利运转。应该说，三聚氰胺事件证明了飞鹤的产业集群模式是正确的，这些年付出的辛苦得到了市场的验证和信任。

苏　勇： 被实践证明自己打造的专属产业集群是非常有效的。

冷友斌： 对，这个过程非常艰辛。我们国家过去没有那种模式，要去国外学习，去找经验，靠自己去摸索。以前养几十头，上百头牛的时候是靠手工，但专属牧场靠手工是做不到的，完全要靠新技术、新模式。我们就从畜牧学校、大专招年轻人，从零开始，打造现代化的养牛模式。

苏　勇： 是不是从那个事件以后，您就更加坚定了要打造专属产业集群的信心？

冷友斌： 对，现在我们有8家专属的大型牧场，共有6万头奶牛。

苏　勇： 牧场是您控股吗？

冷友斌： 以前是我百分之百控股，后来做了一个产业链分工。

苏　勇： 模块更加清晰？

冷友斌： 对，农业公司按照要求专门给牧场提供玉米、燕麦、紫花苜蓿、黄豆粕等牛吃的所有饲料，这些业务归农业公司。牧场下订单，农业公司做，牧场收，实行订单制，保证品质。牧场负责养牛，飞鹤下订单和指令，一年要收多少奶、要什么品质的奶，他们负责养。这样，产业链模块就越来越清晰。生产基地负责生产，北京总部负责营销、研发、市场开拓、国际化战略实施，以及品牌打造。

苏　勇： 现在您还持有哪些股份？

冷友斌： 农业是有股份的，牧业没有，但有合同，必须要保证飞鹤的需求，因为牧场原来都是围着工厂建的，我是牧场的第一大客户，现在能收他们70%以上的牛奶。

苏　勇：用这个方法来合作。

冷友斌：我们是用利益、契约来连接，用战略来联盟。实际上，中国乳业市场还是不错的，但整个奶源基地水平参差不齐，牧场很少有效益。我这里收牛奶的价格，从有牧场那天开始到现在，都是全国最高的。我们的理念和别人不一样，市场是三块钱，我们给四块钱，我希望合作伙伴能获得更多的利益，能更好地生存。他们有了更好的利益，和我们合作就更有信心。我们是看上、下游整体发展，并不是看自己一年能赚多少钱，大家是鱼水关系。

苏　勇：飞鹤有一句营销口号或者说是定位，叫"更适合中国宝宝体质的奶粉"，这是什么时候提出来的？

冷友斌：2015年。

苏　勇：当时怎么会想到提炼出这样一句口号或者定位的，是受到什么事情的启发吗？

冷友斌：三聚氰胺事件以后，从2009年到2013年，中国消费者对国产奶粉失去了信心，国产奶粉节节败退，从城市退到县城，从县城退到乡镇。消费者不认可中国品牌、品质，尤其是安全方面。每家就一个宝宝，哪怕出国背奶粉，也要保证孩子安全。所以，飞鹤的销售额虽然每年都在增长，但是没有得到主流人群的认可。我们的品质这么好，消费者还是不认可，就因为你是国产的，主流消费者仍倾向于选择进口奶粉。

　　按理说，我们也可以到国外建厂，打国外品牌，但我不甘心国产奶粉就这样全部被消灭掉。如果那时候飞鹤也到国外建厂或者和国外企业合作，把企业卖给国外，那中国奶粉市场基本上就被外资全部占领了，我们不甘心。另外，中国这么大的国家，一定要有自己的品牌。我们开始寻找突破口，思考为什么消费者不认可国产奶粉？我们注重产业集群，讲品质、讲安全，但是消费者一句话就把你拒之门外，说："你再好，有国外的好吗？"我们就没话可说了。

苏　勇：消费者的认知还是很有限的。
冷友斌：消费者就认为国外的就是安全的，国外的就是好的，就是诚信的，反正中国的都不好。

苏　勇：整个行业就是这样沦陷的。
冷友斌：所以要改变消费者的认知，我们开始调研市场和消费者，采集大量数据，了解为什么在当时这种情况下，飞鹤还是有30多亿元的销售量，为什么还会有人买飞鹤？通过大量调研，包括访谈，得到的结果是，消费者说孩子喝了飞鹤后更适应，不哭不闹，大便成型，不拉稀，晚上睡得香，长得高，吸收好。我们就和我们的合作方——上海君智企业管理咨询公司，一起探讨如何重新定位飞鹤品牌，重新与消费者进行沟通，就找到了"飞鹤奶粉，更适合中国宝宝体质"这句话。我们研究中国母乳，研究中国饮食，研究中外基因和体质差异，发现中外母乳有很大的差别。应该说，这句话改变了飞鹤在市场和消费者心目中的地位。你和消费者讲有一款奶粉更适合中国宝宝体质，想不想尝试？最起码消费者不会拒绝，能听进去。消费者能听，我们就有时间、有机会去表达，可以去交流中外体质和饮食差异所带来的母乳及其营养上的不同。

苏　勇：除了访谈以外，有没有科学数据来支撑这句话？
冷友斌：有，一定要用科学数据来支撑。战略定位出来后，我们就开始作配称，战略配称下有多方面的工作，比如研发、原料、产业集群模式、生产运作、工厂规模等，一整套都围绕着"更适合中国宝宝体质"这句话在变，包括营销也在变，我们做了大量工作。

举两个例子，一是美国母乳和中国母乳。美国饮食大家都知道，以牛排、鱼、沙拉、面包为主，由于人种不同，所以美国母乳里铁的含量是中国母乳的四倍。如果中国的婴幼儿奶粉不把铁含量加足，很多婴儿就会贫血，这是和欧美的母乳相比。

如果和近一点的日本比，我们和日本的饮食看着差不多，但是，日本是岛国，近海，海鲜是每餐必备的，所以日本母乳内的DHA含量高于中国母乳。DHA主要是脑神经发育，如果DHA含量不足，小孩的脑神经发育就会不好，就不够聪明。

苏勇教授向冷友斌董事长（右）赠送访谈录项目成果

苏　勇：是不是我们日常吃的深海鱼油里面的东西？

冷友斌：是从深海鱼油或者海藻里提炼出来的，现在我们国家已经强制在加了，这种成分会促进小孩脑神经发育，小孩会更聪明。所以，国家之间的差别非常大。我们的婴幼儿奶粉是按照中国母乳的标准来设计的，更接近于中国母乳，所以就是好的婴幼儿奶粉。吃了飞鹤奶粉的小孩不哭不闹，大便成型，没有稀便，不上火，小孩长得快，聪明，眼睛亮，你看到这个小孩的时候，说这么漂亮，喝的什么奶粉？说喝的是飞鹤，口碑就逐步形成了。

在母乳研究和中外体制研究上，我们是第一家举办相关论坛的企业。在基础研发上，我们用科学依据来设置配方奶粉。我们在哈佛医学院有一个实验室，和美国佛蒙特大学有合作项目，在美国开展母乳临床实验。下一步，我们要把产品销往国外，研究美国母乳，研究欧洲母乳，因为不同的母乳要求不同的配方，所以每年都会大规模采集母乳样本进行整体分析。

苏　勇：所以配方也在不断地改进？

冷友斌：对，因为你会不断发现母乳里的东西。举一个例子，我们提倡婴儿要多吃母乳，母乳喂养最起码要4到6个月，婴儿在这期间不会生病，因为母乳里有天然抗体，如免疫球蛋白，IGG、IGA，都已经升级到五类，未来能够到十类。你努力找到免疫的东西，把它研究出来，加进奶粉里，就会有更好的婴幼儿奶粉。

再比如说低聚糖。母乳内的低聚糖有一百多种，现在才发现了二十几种。你每发现一种，就要产生新的技术，把这种原料加到婴儿奶粉中。低聚糖越多，肠道内的有益菌生存得就越好，小孩的身体也就越好。所以，接近本国母乳的就是好的配方奶粉，把原材料等都实现属地化，离工厂越近，产品就越新鲜，越有营养活性，小孩吸收得也就越好。

苏　勇：听您这么说，我觉得做奶粉这个行业确实非常辛苦，尤其是要做全产业链。我听说，曾经有外资品牌想收购飞鹤，当时有没有动摇？用股市上的话，获利了结，卖给你算了，有很好的回报，也不用那么辛苦再继续做，有没有考虑过见好就收？

冷友斌：也动摇过。当时是我们最困难的时期，因为要打造专属产业集群，资金投入很大，银行贷款也不顺畅，融资也不顺利。2003年我们曾经在美国上市，2013年退市了。

苏　勇：退市是出于什么原因？是因为没有成交量，融不到资吗？

冷友斌：上市主要是为了融资，提升企业管理，提高品牌知名度，否则就没有任何意义。所以，2013年从美国纽交所退回来，变成现在的民营企业。我们将上市融的钱、银行贷款、社会融资，以及我们赚的钱全部投在专属产业集群建设上，资金高度紧张。正如刚才讲的，人可以一天不吃饭，牛一顿不吃都不行，整个产业集群建设的压力非常大，缺人才、缺资金、缺管理、缺模式、缺市场。当时美国一家企业来谈收购，收购价很高。我们内部商量了一下，说今晚回家都想一想，明早再做决定，这个决定有可能会导致我们终身不痛快，终身没有快乐。

苏　勇：是非常大的战略决策。

冷友斌：是，我们可能要因此退出这个行业。第二天大家商量后，决定不能卖，再难也要挺过去。

苏　勇：那是哪一年？

冷友斌：2010年前后。后来，我们还是挺过来了，坚持了自己的信念，做了正确的决定。那时候飞鹤已经有了一定的知名度，收购方给出了48亿元的收购价，当时我占60%的股份，如果卖掉，我个人就可以拿到30亿元左右。

苏　勇：是很大一笔钱了。

冷友斌：确实很大一笔。后来考虑到，我们一生的心血都在这里，把它卖了以后做什么？回去再做乳业，还不如就做这个。更主要的，我们还未完成自己的使命，没有把飞鹤这个品牌做成一个真正的中国品牌，没有把中国的婴幼儿奶粉真正做成国人信任的产品。我们不甘心，所以还是坚持走过来了。

苏　勇：作为著名乳企的掌门人，您看到别人出国背奶粉回来会不会很不爽？您觉得如何才能真正建立起国人对中国乳业，包括奶粉、牛奶的信心？

冷友斌：肯定不爽。去香港买两罐奶粉都要判刑，这是非常大的耻辱，尤其对做婴幼儿奶粉的人来说更是如此，脸都没地方放。虽然下了十几年的功夫做产业集群，品质有了保障，但是品牌才代表一切，代表了质量、诚信，代表了信任。从2014年、2015年开始，我们下定决心，一定要在品牌上实现突破，改变国人对中国品牌没有信任的状况。2018年，我们的营收突破100亿元，成为中国婴幼儿奶粉行业销售的第一品牌，2019年第一季度的数据也很理想。

苏　勇：有没有觉得松了一口气？

冷友斌：没有。因为市场竞争格局在发生变化，可能在2019年或者2020年年底，中国婴幼儿奶粉的品牌市场定位会划得一清二楚，竞争会加剧。国外品牌想在中国获得很好的证明，中国品牌也在不断崛起，不断获得中国消费者的认可。所以，我们要带领国产婴幼儿奶粉和外资竞争，树立国产品牌在消费者心目中的地位，这并不是飞鹤一家企业的责任，而是这个群体共同的目标。国产婴幼儿奶粉要在消费者心目中树立良好的口碑，就要让消费者有更好的体验。实际上，现在，我们能看到国产婴幼儿奶粉的地位在逐步上升。

苏　勇：除了提炼出一个非常清晰的定位以外，我们在品牌梳理、打造品牌形象方面还做了哪些举动？比如说渠道建立、消费者教育等方面。

冷友斌：因为消费者对国产奶粉的不信任是来源于多方面的，其中一个大的方面就是国产，国产奶粉在世界上没有地位。所以，我们从2014年开始参选世界婴幼儿奶粉大奖，2015年，我们第一次拿到世界食品品质评鉴大会金奖，到2019年已经是五连冠。

苏　勇：这个奖项是一个国际组织颁发的？

冷友斌：是，已经有58年的历史了，叫世界食品品质评鉴大会，包括奶粉在内，世界各国每年有超过1000种的商品参加品质评鉴。奖项以商品性质分类，由研究员对各食品或产品的安全、味道、包装、原材料等进行审查后评定。日本参与得比较多，我觉得日本对品牌的概念要比中国强。我记得，我们第一次去参加的时候，基本上没看到中国企业，全都是国外的。日本有的是一个家族几十口人来参加，爷爷带着子孙，他们觉得这是一个至高无上的荣誉。

苏　勇：这个大会是在哪里开的？是固定的，还是每年开会地点都是不同的？

冷友斌：不同的，每年都在不同的国家，2019年是在罗马。我们在申请，看能否到中国来举办一次。另外，我们也到英国参加一个专门乳业的评奖，已经连续三年入围世界乳制品创新大奖，成为全球首家从配方成分到工艺技术全方位得到组委会认可的婴幼儿奶粉品牌。越来越证明，我们的产品是世界上最好的，世界上数一数二的好产品产自于中国、产自于飞鹤。飞鹤所有员工都是按照这个标准去严格要求，包括每道工序、每个产品、每个产业集群上的各个环节。

现在，我们和国内外多家研究机构都有联系。为什么？产品的好坏和农业是息息相关的，土壤适合什么样的有机肥，适合种什么样的种子，产量如何，品质如何，营养如何，牛吃了才能最好、最健康，以产出更好的奶。这需要一个系统的研究，而不是说专门研究母乳，要往前导到产业集群的前端。我们希望做成全球最大的生态乳企，把原来破坏环境的牛的粪便变成有机肥，剩下的变成沼液、沼渣、天然气，回归锅炉，成为动力。牛粪变成有机肥，有机肥再分解，变成一个大的循环经济，一个真正的、科学的生态体系。这不仅对社会有贡献、对环境有贡献，更主要的，对我们的产品有更大的贡献，我要做全球最大的有机奶生产基地。

苏　勇：这也是我们打造品牌形象的一个方面。

冷友斌：做差异化产品，首先要有能握在手里的核心东西。做有机产品很难，黑龙江有松嫩平原、扎龙湖、黑土地，有很好的空气、绿植，北纬47度适合打造这样一个生态体系。我本人也懂机械、懂农业生态。这样，你的差异化才会越来越明显，市场地位、消费者认可度和口碑才会形成。实际上，品牌有知名度，但不一定有美誉度，打造一个千家万户都认可的品牌需要几代人的功夫。

苏　勇：要打造一个好的品牌，最核心的东西是什么？

冷友斌：我觉得最核心的还是技术。传统企业没有什么窍门可谈，刚才我说的这些都得脚踏实地往前走，把黑土地变成真正的有机质含量高的产品。像在南方地区，没有黑土地，土壤中也没有这么高的有机质含量，没有这么好的空气、湿度、纬度、温度，而我们这里得天独厚。

苏　勇：2018年夏天，我在齐齐哈尔参观飞鹤基地时，您介绍说研发出了一个新产品，叫星飞帆，卖得也不便宜，是什么使您把定价策略定得这么高，和国际品牌都不相上下？

冷友斌：中国有句老话，叫"好贵"。这东西好贵好贵的，前面是好，后面是贵，贵代表品牌的价值。奶粉生产前的研发不需要投钱吗？产业集群不需要资金吗？培养团队要花钱，向消费者作宣传也要花钱。我们的传统思维，包括我当厂长的那个时期，成本加一点利润就等于出厂价，根本没有研发、物流等环节。为什么中国品牌做不出来？华为手机为什么能和普通手机价格差这么多？它在科技、品牌、人才梯队上的投入都有很高的成本。一个好的品牌，贵是其中一方面，真正的核心应该是品牌后面的价值，你给消费者带来的价值决定了你的品牌是否是贵的。

苏　勇：这方面有没有大数据？

冷友斌：正在做，这些东西要拿出来。我们销售额破百亿，并不是单单靠打广告打出来的，而是通过消费者体验、口碑分享，才获得了市场和消费者的认可。如果小孩吃了以后天天坏肚子，晚上又哭又闹，消费者就不会再吃了。我家两个小孩都喝飞鹤奶粉，我们所有员工的孩子也都喝。三聚氰胺事件后，大家对国产奶粉没有信心，我们所有员工的孩子就为自己代言，我的合作方的孩子也都喝，口碑就这样一步步形成了。关键是，喝完的体验感好，小孩又白又高，眼睛有神，聪明，这就是口碑。

苏　勇：您认为，食品包括一些快消品的品牌塑造，口碑传播是很重要的或者说最关键的途径吗？

冷友斌：对，是最关键的。你打再多的广告，如果体验感不好，是没用的，广告要和消费者的体验和需求结合起来。

苏　勇：我听说星飞帆的销售额已经占到整个飞鹤产品销售额的一半以上？

冷友斌：我们2019年的目标是要把星飞帆和有机两类产品做到百亿以上。

苏　勇：一个是星飞帆，另一个是有机？

冷友斌：对。

苏　勇：您非常有前瞻性，飞鹤很早就建立了自己的奶源基地，让你们在三聚氰胺事件中不说一枝独秀，至少能挺过一关。从那个事件后，中国很多乳企也痛定思痛，纷纷开始建立自己的奶源基地。您怎么看待这样一种竞争格局？飞鹤的核心竞争力在哪里？

冷友斌：对乳制品来说，奶源好是第一原则，产品的好坏关键取决于奶源。三聚氰胺事件是中国乳业真正的一次洗礼和大变革，从上到下，从国家到企业，都意识到了要进行技术改革，要规模扩建，实施规模化经营，建自己的基地，主观意识也都发生了变化，企业主动去追求品质，这是好事，否则中国永远和世界品牌有很大的差距。从飞鹤来讲，我认为还是走专业化路线，飞鹤的主业就是婴幼儿奶粉，未来也是，以奶粉为主，这是我们的优势。

苏　勇：有没有考虑过多元化？比如做一些液态奶等？

冷友斌：目前没考虑，我们还是要深耕奶粉，继续研发更适合中国宝宝体质的奶粉。另外，我们会研究不同年龄段的不同营养需求。还是要在奶制品行业内做到专业化，做婴幼儿奶粉的专业、专一、专注，这是我们一直在提的。真正的差异化要体现在产业集群上、体现在科学研发上、体现在消费人群上、体现在服务和品牌价值上，实现自己的突破。

苏　勇：中国的婴幼儿奶粉市场如果用一句话来形容，可以说是前有强敌，后有追兵。前面，有很多国外著名品牌，这些品牌很有历史，价值也很高。在我们飞鹤后面，有很多中国企业也在不断发展。有的国外企业提出，他们是用做药的标准来做婴幼儿奶粉，这句话对消费者很有说服力，您怎么看呢？

冷友斌：毋庸置疑，做产品就要保证品质，中国的婴幼儿奶粉的标准和药厂基本上是一个标准，我们整个环节完全是按制药标准来设置的。

苏　勇：这个标准指的是含菌量要低到什么程度吗？

冷友斌：应该说，中国的婴幼儿奶粉是全世界要求最严的，也是全世界标准最高、检测频率最高、指标控制标准最高的。我们企业还有一个内控标准，包括了300余项的检验，从土壤开始，一直到产品终端，我们这个标准高于国家标准，以此保证产品质量。

冷友斌董事长（右）陪同苏勇教授参观

苏　勇：一共300余项次的检验？

冷友斌：对。过去还是人工检验，现在都在ERP系统里，想改数据都改不了。我们企业的规模化生产设备都是全球领先的，它的自动化、标准化、智能化程度应该是全世界最先进的。

苏　勇：我们了解到有这样一种现象，有的乳企从国外购买了所谓的大包粉，回来后做成乳制品，包括婴幼儿配方奶粉，价格还很低，据说只有飞鹤产品的一半或者三分之二，针对这种情况，我们有什么样的措施？

冷友斌：我不去评价大包粉质量上的问题，好的乳制品一定是用生鲜牛奶和生鲜乳为原料的。

苏　勇：生鲜乳的优点在哪里？

冷友斌：本土奶等于优质奶，你的牧场离工厂越近，就越能保证原奶的品质。因为新鲜代表了活性，按老百姓的话讲，买菜要买新鲜的，吃鱼、吃肉要吃新鲜的。为什么？新鲜的口感好，更主要的是，它锁定了营养活性。牛奶也是一样，长距离运输，脂肪膜和蛋白都会发生变化。运输过程中的温度提升，细菌总数会上升。牧场离工厂越近，运输距离越短，营养活性保留得就越完整，奶粉才具备新鲜、活性的小分子，才利于宝宝肠胃吸收。大家知道，宝宝肠胃比我们的手指头还要细，非常娇嫩，如果吸收不好，会造成很多问题，很多病因都是源于吸收不良。

苏　勇：那从成本角度上有没有做过测算？一般认为，中国的劳动力比较便宜，土地也比较多，尤其在东北三省。在成本上，国产奶粉行业有没有优势？

冷友斌：没有优势。

苏　勇：为什么？

冷友斌：土地都是老百姓的，养牛的人没有地，我们要到老百姓那里租地，重新种牛吃的饲草、饲料，重新加工是一大块成本。在国外，养牛的牧场都有国家给配套的土地，你养50头奶牛，就给你配50头奶牛所必须用的饲料用地。中国还做不到，这是第一点。

第二点，我们的劳动用工也不便宜，因为没有那么多资源。你到澳大利亚，把牛往山上一赶，不用人去放。我们没有那么多资源，全部要用设施，设施就需要劳动力，劳动力也不廉价，尤其是现在，反而越来越贵。

苏　勇：一是活性，二是内在的成分会有很大的变化，因为温差、长途运输等原因。

冷友斌：对。我们离工厂近，而且一次杀菌、一次成粉；他们是两次杀菌、两次成粉。而且，保质期也是个未知数，在国外哪天生产的都不知道，回到中国加工成奶粉，变成今天的生产日期。它的营养成分，包括小孩的吸收程度，和鲜奶比起来有很大差别。所以，我们提倡鲜奶配方和湿法工艺。湿法工艺就是用鲜奶来做配方奶粉，它的新鲜和营养可以完全保留。

苏　勇：我们鲜奶收上来的地点到工厂有多远？

冷友斌：牧场一般是配合工厂建的，在工厂方圆十千米左右。

苏　勇：牛奶收上来后，到进厂的运输时间有多长？

冷友斌：一般就15分钟到半个小时，我们称之为两小时生态圈，从挤奶到工厂，共两小时。

苏　勇：所以能够保证它的新鲜程度为最佳？

冷友斌：对。

苏　勇：婴幼儿奶粉生产有没有淡季、旺季？

冷友斌：应该没有。

改变世界（五）：中国杰出企业家管理思想精粹

苏　勇：一年四季比较均衡？
冷友斌：基本上均衡，因为生小孩基本没有时间规律，当然，也和属性有关系，比如说中国人喜欢孩子属牛、属猪等。

苏　勇：您觉得婴幼儿奶粉市场近年来会不会有什么变化？
冷友斌：会有变化。

苏　勇：怎么样的变化？
冷友斌：从全球看，从欧洲到美国、日本，基本上一个国家的婴幼儿奶粉很少有超过4个品牌的。像日本有明治，美国有美赞臣，欧洲有达能、雀巢，每个国家有每个国家的属地品牌，数量不多。在中国，最多的时候有3000多个品牌。我觉得，大浪淘沙、优胜劣汰的格局马上会形成。

苏　勇：所以说，婴幼儿奶粉市场是产业集中度非常高的？
冷友斌：和其他乳制品不太一样，婴幼儿奶粉有很高的准入门槛，需要高科技、高投入、高人才，这几点不同于其他企业。所以说，不是所有人都可以做婴幼儿奶粉的。我们的研发团队就有近百人，IT系统有一百多人，质量品控系统、生产系统都需要高学历人才，要有管理能力和经验，并不是说组建了几十人就能生产婴幼儿奶粉。为什么总会出质量问题？它没有一套系统来管控，单靠人治，是很难把控的。

苏　勇：近年来，国家推出了一个制度，叫婴幼儿奶粉配方注册制。这是不是国家为了扶持优秀企业，实施大浪淘沙的一个举措？
冷友斌：实际上，国家看到了西方的发展模式，另外，希望用制度管控这些品牌。

苏　勇：优胜劣汰吗？

冷友斌：对，优胜劣汰，国家从门槛上控制。

苏　勇：这个制度是一个什么性质的，需要大家把配方告诉国家市场监督管理总局吗？

冷友斌：配方注册制有几个大的门槛。首先你的工厂规模，你的设备、实验室、化验室的规模，团队成员的学历等，都有较高的要求。另外，你的配方要向国家申报，国家会审批你的工厂和你的配方，都达到要求了，才给你发证，你才能生产，这是非常难的，标准非常高。国家想通过提高门槛，让真正有实力、有科技含量的公司逐步形成规模。

苏　勇：冷董事长，我研究过您的经历，您受过食品工艺方面的专业教育，做过乳品厂的厂长，后来又读过EMBA。您觉得在企业管理中，怎么样来看待东西方管理的关系？我们知道，管理学很多内容主要是来自西方，您怎么样看待在管理当中东西方管理思想的平衡或者说运用？

冷友斌：作为一个实践主义者，我所有的基础经验都来自基层，来自实体。我在农场出生，看着祖辈们做农业。黑龙江的农业水平不差于美国和巴西，现在的农用器械都具有现代化、信息化和智能化。

乳业也一样，原来讲的是设备自动化，现在是智能化。我们公司在做一件事，通过销售端大数据传到生产端，每天生产的东西完全是有计划的，今天生产的产品能达到国家标准，质量合格，才可以放行，这样就不会有库存。这不是单有设备就可以做到的，要有具备这种实力的团队，要把零售终端和经销商完全统一起来才能做到。这是未来系统的改变，也是5G时代企业必须做的，是社会进步带来的。做婴幼儿奶粉没有什么窍门可以走，还是要靠技术，踏踏实实作基础，你没有好的原料、没有好的有机奶，就做不出来好的产品。

改变世界（五）：中国杰出企业家管理思想精粹

讲到东西方管理差异，我觉得中国改革开放后，大家有了钱，到国外把最先进的设备买进来，但是你不能把管理也买进来，不能把体系、流程、制度买进来，就算你买了最好的设备，后期的产品还是不能保证质量。所以，我们在组织架构上，在团队、梯队建设上是舍得花钱的，在品质把控、技术研发上是投大钱的。在管理团队方面，公司有很多顾问，其中有负责品控和管理模式的，有负责生产体系、质量体系、产业集群体系建设的。我们是按照世界上最先进的标准来设置。今后的公司不是人治，一定是法治，是靠体系、靠制度发展的，如果你的管理还是中国的原始管理，是没有办法参与到未来的世界竞争中去的。

苏　勇： 改变员工观念比较难吧？

冷友斌： 应该说，不是很难，因为我们一直在抓管理、抓品质。我们有句口号，"质量不能给成本让步"。在质量和成本上，一定是质量第一，成本第二，不能为了降低生产成本，为了多盈利，而在质量上做文章。我们所有人都知道这一点，尤其是负责生产的人，这是写在公司大纲里的。

另外，全员质量意识也发生了变化，这是我从创业开始，一直抓到现在的。我们内部有一些机制，比如，员工到了55岁后要在企业内部退休，尤其是管理者。

苏　勇： 55岁内部退休？

冷友斌： 公司负责开养老金，也给开工资。

苏　勇： 这是出于什么考虑？

冷友斌： 要给年轻人空间，如果老员工到60岁才退休，年轻人就永远没有机会。未来的发展是靠年轻人的，靠一代一代的传承。企业是一个大家庭，离职或者退休的员工都留恋在这里工作的时间，有了感情。但是家文化不能没有管理，还是要遵循公司的制度和流程去做，我们提倡让年轻人逐步走上管理岗位，锻炼他们，包括我自己也有退休计划。

中国飞鹤有限公司冷友斌董事长

苏　勇：您打算慢慢退出一线管理？

冷友斌：对，因为要培养年轻人。我们2019年可能会上市[①]，为什么？就是想把公司打造成一个百年企业，和欧洲企业一样，让它延续百年，并不是让家里的儿女去继承，而是希望它走向社会。

注① 2019年11月13日，飞鹤正式在港交所挂牌交易。

改变世界（五）：中国杰出企业家管理思想精粹

苏　勇：关于上市，我们知道飞鹤准备在港交所上市，为什么不在A股，市场容量不是会更大吗？

冷友斌：我们也考虑过A股，但是未来飞鹤要走的是国际化道路，我们希望飞鹤品牌成为世界品牌，做成世界婴幼儿奶粉的第一梯队或者更好，成为领先品牌，而不单单是中国品牌。如果在中国香港或者在美国上市，是要按照国际资本市场的游戏规则去要求自己、规范自己，更主要的，未来可能要去做兼并重组，所以考虑在中国香港上市更适合。

苏　勇：这是公司国际化战略的一个重要部分？

冷友斌：现在已经在走审核了，在加拿大建工厂。

苏　勇：在加拿大的什么地方？

冷友斌：加拿大的安大略省。我们的走出去和别人不一样，整个设计、工艺、研发、管理全是从飞鹤输出的，并不是加拿大当地的。加拿大的乳制品企业考察飞鹤后，说走了全世界这么多国家的婴幼儿奶粉企业，认为飞鹤是第一，所以选定了我们。这次走出去，外国人对我们还有很多质疑，认为中国的不行，后来看到我们的工艺水平、设备、团队的敬业精神，都被感动了，现在双方配合得非常好。加拿大的工厂今后负责北美市场，中国工厂负责亚太市场，让中国消费者到美国能看到飞鹤，到加拿大能看到，到新加坡也能看到飞鹤这个品牌。

苏　勇：刚才谈到年轻人的问题。作为董事长，现在企业里90后的年轻人越来越多，您觉得在新生代员工的管理方面呈现了什么特点？

冷友斌：我觉得我们还是老了。

苏　勇：观念上有差异吗？

冷友斌：有差异，但是我还能接受，因为他们会带来活力和创新，我们会启用年轻人,尤其在品牌、市场、设计营销、数字化等方面,希望年轻人能发挥更大的作用。

苏　勇: 我们知道,飞鹤从几亿元、几十亿元,现在往百亿元级的企业发展。在这个过程中,您是如何处理做强和做大的关系?有些企业在规模不是很大的时候,会管理得特别好,但当企业规模大了以后,管理上可能会失控或者说得了"大企业病",问题都会暴露出来。

冷友斌: 每一个管理者或者企业家都非常希望把企业做得规模非常大、非常强。但是,我还是认为企业要以做优为主。我们在大乳业的环境里找到了一个细分市场,婴幼儿奶粉就是我们的强项,我们把所有的人力、物力、财力都在这一点上去发力,把自身优势发挥出来,把它做优,做成消费者心目中的一个品牌。我觉得做强、做大不是很重要,做到质量最高才是对的。

苏　勇: 做优是做强、做大的根本前提吗?

冷友斌: 对,飞鹤是什么样的,给国家奉献的税收如何,飞鹤的员工收入、生活指数,飞鹤的利润,以及未来上市能够给股民带来的价值等,这都是做优的表现。有的企业销售额做到了几千亿元,但价值就几十亿元,我们飞鹤销售额做到了百亿元,价值也是几十亿元,你说企业是做大好,还是做优好?

苏　勇: 有没有值得您学习的企业家?

冷友斌: 应该说,我的学习能力还是很强的,我愿意向优秀的企业家学习。在乳品行业,我向伊利、蒙牛学,也向国外的著名企业家学,在他们身上学到了很多东西,再不断进行总结。

此外,我们向其他行业的企业家学习的也比较多,虽然他们不是做乳制品的,但也有很多地方是值得学习的,比如2018年我们去了格力,2019年去了美的,看到了他们智能化布局,回来后也在改变我们自己。另外，我自己最尊敬的企业家是任正非。

苏　勇：冷董事长，您刚才谈到要向华为学习，向格力学习，但是我们知道华为、格力，包括腾讯在内，他们的研发费用在其销售收入或者利润当中占有很大的比重，飞鹤在这方面是什么样的状况？

冷友斌：食品制造业和信息技术业不太一样，他们的研发费用会占非常大的比重，可能是收入的百分之二三十，因为要不断迭代更新。食品或者婴幼儿奶粉行业的研发也很重要，但时间上是一个漫长的过程。比如说研究母乳、研究产业集群，我们现在的研发已经深入到土壤里了，研究怎么去改变土壤，让土壤的有机质变得更好。再比如，我们现在每亩玉米能打两吨半，如何能提高到三吨半，什么样的种子在什么样的气温和水分下能提高单产。这是我们研发的整个链条的过程，包括后期的成品、包装，消费者喜欢什么样的包装，里面小勺的样式，什么样的杯子冲奶粉最好。这都是我们研发的范围。

苏　勇：要做一些基础性的研究？

冷友斌：和高科技企业比，我们的研发费用相对较少，但实际投入并不少。在研发上，我们是非常舍得投入的，我是学食品专业的，还有我的11个大学同学都在我这里，都是学食品专业的，不是上海轻专毕业的，就是东北农业大学、沈阳农业大学毕业的。

苏　勇：很多都是科班出身？

冷友斌：都是学食品专业的，这些人里面做市场的一个都没有。我在开会的时候一直讲，别人的产品可以出事，可以原谅，因为他们不专业，我们的产品如果出了质量问题，就一定是故意的，因为我们都是学这个专业的，对质量和品质的高要求是我们所有人都已经达成共识的。我也愿意往这个领域投钱，为研发提供保障。

苏　勇：作为领先乳品企业的掌门人，如果请您对中国消费者说一两句话，您最想说什么？

冷友斌：我想对消费者说，大家选购产品不要太盲目，不是国外的什么都好，虽说国外产品有它的优势，但国内产品也有自己的优势。比如说乳制品，我认为国产的最好，这不单单是我认为的，而是全世界发达乳业国家都认可的。本地奶就是优质奶，本地产品就是优质产品，因为它靠近产地，靠近消费者，新鲜、有活性、吸收好，更适合中国人体质。所以，在食品方面，我提倡本地产品、本地加工和本地销售。

苏　勇：要有良好的品质控制，让大家建立起对中国生产的食品的信心？

冷友斌：对。

苏　勇：刚才您谈到一个观点我非常赞同，就是做优是做强、做大的根本前提。您也提过产品的专一化和多元化问题，2018年，我去齐齐哈尔吃过你们生产的酸奶，味道也不错，从外行来看，我觉得转过去做也不是特别难吧，您为什么特别执着做婴幼儿奶粉？

冷友斌：行业各有属性。另外，从战略角度来讲，做产品还是要有聚焦，要把所有的资源都放在主业一点上爆发，才可以产生合力。在婴幼儿奶粉的领域上，我们要做专、做细、做优，做成一个真正专业化生产婴幼儿奶粉的公司，在未来，我们想做全世界的奶粉大王。

苏　勇：全世界的奶粉大王？这是一个很伟大的目标。如果让您来判断，中国的消费者什么时候可以不用再从国外背奶粉回来？

冷友斌：实际上，现在就不用了。

苏　勇：您说现在就可以了吗？我们的产量够吗？

冷友斌：这个行业，包括飞鹤在内的几个大的国产品牌的质量都是有保障的，只是大家的配方不同，品牌定位也不同。有的做高端和中端，也有做中、低端的。最优质的国产婴幼儿奶粉的量是够的，只是说，现在的一些消费者还是认为中国的产品不够安全，这是因为他们没有亲身体验过。2018年，我们在线下做了30万场大小路演。

苏　勇：一年做了30万场？

冷友斌：对，大型活动有上千人参与，比如说专家讲座，小型的有几个人，搞一个小沙龙，几个妈妈在一起分享。在县城，我们开展宝宝爬行比赛、宝宝俱乐部、宝宝运动会，还包括孕妇瑜伽、孕妇讲座、孕妇养生等，通过多种多样的方式和消费者接触。虽然大家认为以后是智能化时代，但人还是一个行走说话的动物，需要沟通、交流。作为企业来讲，如果要提升品牌价值，就要为消费者想更多，消费者解决不了的问题，企业来解决，要参与到消费者的话题当中，让消费者自己来分享，把喜怒哀乐都讲出来。

苏　勇：您觉得，哪怕现在已经是互联网时代，但这种线下的人与人面对面地接触还是很有效的一种活动方式？

冷友斌：对，现在我们的营销模式和过去已经完全不一样，在很多方面都做了创新。比如说，我们做的第一个大动作就是经销商的扁平化，原来实施的是一级代理商、二级代理商、三级代理商模式，从2014年开始，我们直接砍成全部是一级代理商，省会的经销商和县城的经销商的地位是平等的，都是一级。原来省会是一级，底下是三级，大家一开会，一级坐在前面，三级坐在后面。我们觉得，一定要均等，因为大家的付出是一样的，这种扁平化在全国行业内是做得最早的。与此同时，飞鹤还有很多创新的举措，比如说在全国做终端。那个时候都是做柜台，我出来创业后，当时的飞鹤还只是个小品牌，做批发没人买你的货，那我就改变，开始做终端。

苏　勇：直接做终端？

冷友斌：对。我认为，创新都是逼出来的，那时候我也不知道什么是终端，就找一些大学生给消费者讲营养知识，为消费者介绍产品，后期才总结成一种模式。

苏　勇：现在的婴幼儿奶粉市场竞争非常激烈，您认为未来会如何发展？

冷友斌：我个人认为，最晚到2020年年底，市场格局基本上会形成。

苏　勇：洗牌洗得差不多了？

冷友斌：对，比如说，前五个品牌的产品会占到市场份额的百分之七八十，这五个品牌里排在前三的会再占到份额的百分之七八十或者八九十，剩下的小品牌会抢剩下的百分之二十到三十的市场份额。

消费者的意识在转变，现在90后、00后都是大学生，他们在买产品前，已经在网上搜过了，心中也有目标了，到店后买什么产品已经有了想法。这时候，老板再去介绍，效果也不会太好，他们买的不是便宜的、促销的、打折的，买的是品牌、是价值，消费更加的理性了。

飞鹤也在不断变化，我们希望这种新零售模式未来会有一个整体提升，通过开展活动，消费者参与分享，充分体验，变成一个规范引导模式，真正地参与到市场竞争中，真正地和国外的品牌有区分。在未来，我觉得是品牌之争，而不是国与国之间的竞争。买苹果手机，你知道是在哪个工厂生产的吗？你只认苹果这个品牌，和产地没有关系。未来的飞鹤品牌，我希望能做到一点，大家都知道飞鹤是一个品牌，但可能是在越南生产的，也可能是在欧洲生产的，因为品牌代表了一切。

苏　勇：有没有想过到一定阶段的时候写一本书，把您这么丰富的经

改变世界（五）：中国杰出企业家管理思想精粹

营婴幼儿奶粉的经验和大家分享一下？

冷友斌：没想过，我觉得这不是什么经验，大家只要努力，脚踏实地地做，都能做出来。

苏　勇：谢谢您接受我们的访谈。

冷友斌：谢谢。

[专家点评]

鹤舞东方

苏　勇
复旦大学管理学院教授、博士生导师
复旦大学东方管理研究院院长

　　在2014年，我曾经应邀赴荷兰一家乳品企业进行考察，当时感叹于这家公司From Grass to Glass（从牧场到餐桌）的全产业链运行，使产品能够全程可控，很好地保证了乳品的质量。而在2018年夏天应邀去黑龙江省齐齐哈尔市的飞鹤公司实地考察并进行战略研讨之后，才知道在中国也有这样一家全产业链的乳品企业，而且当时对飞鹤"飞鹤奶粉，更适合中国宝宝体质"这句营销口号印象颇深。因此，在查阅各种资料之后，便将对冷友斌董事长的访谈列入"改变世界——中国杰出企业家管理思想访谈录"2019年计划之中。

　　因为2018年已在齐齐哈尔当面聆听过冷友斌董事长对飞鹤的介绍，了解他的一些管理理念，所以这次访谈就有了亲切感。冷董事长曾给我的印象是精明干练，有着北方人的爽直。说起他和乳品行业的渊源，他说，如果从家里养牛开始算起，已有近40年历史。冷董事长在上海一所大学学习食品专业，然后在一家食品厂从技术员做起。以后又干了10年厂长，在企业转制之后做了集团的总经理，带领飞鹤一步步发展成今天销售超百亿元的大型乳品企业。他掌舵飞鹤之后，在企业管理方面进行了大胆改革，例如很早就在企业打破大锅饭，实施有效激励制度；顶住各种诱惑，聚焦一个产品，专做婴幼儿奶粉等。

坚定信心做全产业链

民以食为天。一个食品企业发展到一定规模之后，质量控制就成为最关键问题，同时也是最难的问题。不少食品企业，在规模小的时候重视质量，也能够实现比较好的控制，但往往发展速度一快，规模大了之后，就应了中国的那句老话，萝卜快了不洗泥。质量管理就会出现失控，也会为了追求效益而忽视产品质量管理。我曾经提出过一个观点：食品企业，尤其是品类不多的企业，如果要真正彻底做到质量可控，最好实施全产业链经营模式，从源头上把控产品质量，否则即便你在整个供应链环节管理再用心、再细致，但是因为供应链中合作伙伴的成本考量、人为因素、管理疏漏等，往往免不了百密一疏，导致质量问题发生，导致产品生产企业精心打造的品牌形象受到严重损害，此类例子不胜枚举。当然，全产业链模式说起来容易，但做起来很难。飞鹤在当年创建全产业链经营模式时，曾受到普遍质疑，甚至有人说飞鹤人脑子坏了，大家都在做市场，做销售，而飞鹤却养牛，种饲料，干那些农民的活儿，而且为此要投入很多资金。为此，以冷友斌为首的飞鹤人也犹豫过，彷徨过。尤其是在2010年前后，飞鹤将几乎所有资金都投入到产业链的建设，资金链一度非常紧张。此时，有一家外企向飞鹤抛出橄榄枝，愿以48亿元的价格收购飞鹤。面对这一巨大诱惑，而且公司又面临发展的困难时期，冷董告诉我，他当时在公司占有超过60%的股份，如果将公司卖掉，他个人可套现约

30亿元。"30亿元，很大一笔钱"。面对这么巨大诱惑，冷董事长对所有高管说："大家今天回去想一晚上，明天我们做决定。这个决定很重要，可能会使你们一辈子不痛快。"到了第二天，高管们的一致决定是："不卖！"。"后来想想我们一生的心血都在这，把它卖了以后，我们今后做什么？我回去再做乳业，还不如就做这个，更主要的，我们未完成自己的使命，没把这个品牌做成一个真正的中国品牌，没有把中国的婴幼儿奶粉真正地做成国人信任的产品，就是不甘心，所以还是坚持走过来。"我们从中看到了企业家的担当和打造民族奶粉品牌的情怀。如果当时没有这样的决定，今天中国就少了一家致力于打造民族品牌的优秀乳品企业。

三聚氰胺风波"大难不死"

谈到中国乳业，2008年的三聚氰胺风波是一个绕不过去的话题，可以说这是中国奶粉行业一个永远的痛，也导致了今天还有很多中国消费者去国外背奶粉。而飞鹤正是因为坚持了全产业链、高质量的管控模式，才能在这场风波中独善其身。虽然冷董事长当时坚信飞鹤的产品没有问题，但是这个事情得有第三方检测机构、政府质检部门和主流媒体的权威意见才能算数。据冷董事长告诉我，他当时因为整个乳品行业的问题，着急上火，正打着吊针。在看中央电视台公布各乳品质检报告时，紧张得手心都在出汗，生怕被曝出质量问题，可想而知他当时的压力。当看完新闻，说明飞鹤没有问题后，他一跃而起，一把将吊针拔下来，立刻指挥在全国大力开展生产和销售。可以说，正是飞鹤的全产业链模式和全程质量把控，未雨绸缪，才在2008年中国乳品业几乎全军覆没的情况下，飞鹤几乎一枝独秀，危中寻机，第二年销量就翻了一倍多，获得骄人战绩。我们形容演戏有一句话："台上十分钟，台下十年功。"而这句话用在飞鹤狠抓质量管控上我觉得也十分合适。正是因为飞鹤始终坚持全产业链和高质量的质量管控，并且不因为种种诱惑而失去方向，也不盲目追求利润而失去对质量的控制，所以才能在这场行业危机中脱颖而出。

特色鲜明的品牌定位

在访谈中，我曾经问冷董事长一个问题："你自己的孩子吃不吃飞鹤奶粉？"冷董事长肯定地回答："当然吃。我们飞鹤职工的孩子全部都吃飞鹤奶粉，而且都生长得非常健康。"这体现出飞鹤从上到下所有员工对自家的产品和品牌都充满自信。在飞鹤有一件事情给我印象非常深刻，那就是无论是在齐齐哈尔的生产基地还是在北京总部，都有一面宝宝墙，上面都是飞鹤职工子女的照片，也包括冷董事长孩子幼时的照片。看着那一个个健康活泼的宝宝的可爱笑脸，使人对飞鹤的产品增添了信任。作为中国著名乳品企业的领头人，冷友斌认为不少中国消费者去中国香港、澳洲等地背奶粉回国的举动，虽然心情可以理解，但他内心并不以为然。他认为消费者对中国国产奶粉建立信心极为重要，而这有赖于中国所有乳企加倍努力。针对中国的消费者，飞鹤确立了"飞鹤奶粉，更适合中国宝宝体质"这一鲜明的品牌定位和营销口号。国产奶粉离奶源近，不用经过长途运输，新鲜度高，对中国人的体质研究得更为透彻，而且飞鹤在哈佛大学等地也建立了自己的实验室，在科学研究上进行了很大的投入，因此配方也有自己的独特优势。再加上国家如今的严格监管和行业、企业的自律，中国奶粉是值得信任的。为此，飞鹤在2018年做了30万场大大小小的路演，让消费者能够真正认识到，类似飞鹤这样的优质企业，是用心地在做爸一款真正适合中国宝宝体质的奶粉，而且让用过飞鹤产品的年轻爸爸妈妈们，用他们的实际体会来进行口碑传播，从而更好地树立飞鹤奶粉的品牌形象。

食品企业的质量问题和品牌意识是一项常抓不懈的工作，而且对飞鹤这样的中国奶粉企业而言，可谓是"前有强敌"，面临国外各著名奶粉企业的冲击，又"后有追兵"，还有国内其他著名婴幼儿奶粉企业也在奋起直追。因此，只有你用如履薄冰、如临深渊的心态，扎扎实实做好每一项企业管理工作，才能够保持企业长盛不衰，真正做到可持续发展。

蒋锡培
胜寸心，胜苍穹

主 持 人：苏　勇　复旦大学管理学院教授、博士生导师
　　　　　　　　　复旦大学东方管理研究院院长
访谈对象：蒋锡培　远东控股集团有限公司创始人、董事局主席、
　　　　　　　　　党委书记
访谈时间：2019年9月25日
访谈地点：远东控股集团有限公司总部

苏　勇：蒋主席，您好！非常感谢您接受我们的采访。我们先从您创业聊起，您在1985年就开始创业了，当时有没有什么故事？听说一开始还不太顺利。

蒋锡培：我读书的时候有一个梦想，希望长大后成为一名大学老师，成为一名教授，因为宜兴是教授之乡、两院院士之乡。作为农家孩子，父母希望我可以读书成才，走出农村。我也曾这样追求过，但后来受

41

改变世界（五）：中国杰出企业家管理思想精粹

哥哥的影响，他当时做修钟表生意做得很好，一天能赚几十元。

苏　勇： 那个时候的几十块钱已经不得了了。

蒋锡培： 对，我就动心了。1980年，我高中毕业后就跟着哥哥修钟表。父母坚决不同意，他们认为你没考上大学，可以复读，相信我一定能考上，因为当时我在学校里的成绩很好。那时候，我们那里的升学率不到3%，招生人数很少，又是一个乡里的高中，在那一年，我们那里没有一个考上大学的。父母希望我去复读，我也难违父母之命，就再读了一个月，但还是想着要和哥哥修钟表赚钱。父母就让我去干农活，每天起早贪黑，很累，他们是通过这种方式希望我回心转意，再进校门参加高考。但是，我铁了心不回学校，一心想修钟表赚钱。当时，我为自己又立了一个梦想，要有五万块钱存款，两间楼房，找一个贤惠漂亮的、会过日子的老婆。

苏　勇： 三个目标。

蒋锡培： 这就是我的理想了。

苏　勇： 人生的三个理想。

蒋锡培： 想不到的是，跟着哥哥到杭州的塘栖修了56天的钟表后，我就可以放单了。

苏　勇： 您就学会了？

蒋锡培： 哥哥看到我的水平很好，很多他解决不了的钟表的毛病都是我来处理的，他就说你可以单干了。我说是不是再跟你学一段时间，他说没有关系，你可以去干，反正都在一起。所以，我们就各自摆了一个摊，不到两年，我立下的三个志向都实现了，有了第一桶金。后来，我回来创办了仪表仪器厂。

蒋锡培——胜寸心，胜苍穹

苏勇教授访谈蒋锡培主席（右）

苏　勇：这是您办的第一家企业？

蒋锡培：是的，是做钟表里面的零部件，就是发条，但是这个零部件要求很高。我也不知天高地厚，听人家介绍就去买了两台设备和原辅材料，放在家里做。但是，没有人愿意买我们的产品，因为我们是家庭作坊，在自己家里做的。好不容易有了一次机会，上海闹钟厂要出口大量闹钟，它的零部件生产跟不上，让我们送一批样品看看。但是，用了我们的发条装配的闹钟出口后全部被退货。按道理说，闹钟上一次发条至少可以用48小时，用我们的发条，只能用不到24小时，每天的时间还相差10分钟。这个问题就搞大了，不仅我们的钱要不回来了，还砸了人家的牌子，心里非常难受。人家好不容易信任我们，给了我们这样的机会，我们没有做好，耽误了别人，非常难过，非常难受，也由此明白了质量是何等的重要，懂得了质量就是企业的生命。这件事情，让我五年来好不容易积攒的近20万元全部损失掉不

43

说，还欠了20万元，真是从天上掉到了地下。

苏　勇：然后怎么办呢？

蒋锡培：我还是想东山再起，就又去借了一点钱，做定时器里面的发条，再做定时器，想卖给电风扇厂及家里有电风扇的业主。做出来的产品很漂亮，但是，做一个定时器少说要三五元，做一个大的要十多元。我们把产品卖给南京电风扇厂和上海电风扇厂等，他们说，一个吊扇也就卖100元左右，最多120元，有的还不到100元，一个定时器就要花这么多钱的话，会影响销售。所以这次没有打开销路。

后来，我们就摆到商场里卖，但也卖不动，那个时候已经山穷水尽了，除房子以外，家里所有可以变现的，能卖的都卖了。记得有一次，我太太和我说，知道你现在很难，要不我们就去种地，哪怕养养猪、养养鸡、种种田，也不会苦到哪里，起码可以安心一点。我哪能听得进去，还是想找机会。再后来，我太太实在看着不忍心，把仅有的两头猪卖了，给我做路费，让我出去闯。

1988年，当时在宜兴塑胶线厂当供应科长和销售科长的哥哥给了我信心。他说现在的电线、电缆一天一个价，可以去做这个生意，到外面看看哪些厂家生产，哪些百货公司、机电公司有这些产品，你去买来，我帮你卖掉。我听了哥哥的话，第二天又问亲朋好友借了将近10万元。其实，那个时候我已经负债很多了，亲朋好友们有的给我三千元，有的给我五千元，至今想想真是对我充满了信心，认为我还是会做生意的，能够赚到钱的。就是用这点本钱，我在不到两年的时间里，就把前面的债还清了，还攒下100万元。那个时候的100万元对于宜兴市的人来讲，至少算是有钱人了。

有了这个本钱后，我的生意越做越好。我把浙江、安徽等地的产品都买过来，再到无锡、上海去卖，卖给长三角的其他地方。另外，我在宜兴市区找了两间门面去开经营部，后来转化为生产，逐步实现了规模效应。第一年做到560万元，第二年做到1800万元，第三年做到

5400万元，到第四年，销售额就过亿了。

苏　勇：1993年您的销售额就过亿了，当时已经是很大规模的一个企业了。一般来说，电线电缆行业的门槛不是特别高，您觉得远东控股集团有限公司（以下简称远东）无论是在初期或者在以后，是靠什么在激烈的竞争当中脱颖而出？

蒋锡培：我之前办过家庭作坊式工厂，因为产品质量不好，感知到企业要想生存和发展，如果没有客户意识和质量意识的话，一定是没有前途的，甚至会倾家荡产，无家可归。所以，我非常重视客户和产品质量，这不单单是意识上的，关键是制度安排，也就是无论如何都要选择最好的原辅材料，无论如何要选择国内最好的工艺技术和装备。同时，还要有一整套系统的管理制度，再加上招到敬业的、用心的专业员工。

　　远东的产品在后面十多年的时间里一直是供不应求，原来只有10%是自己生产的，后来变成20%、30%，基本上每年都增加10%左右，有了市场、客户，再去OEM（定牌生产，编者注），去买别人的产品贴牌来为我生产，这些都对远东发展至关重要。当然，我们也越来越感觉到团队的重要，开始招大学生，请上海电缆研究所的高级工程师当总工。在当时，一个民营企业要想招到优秀的人才是不容易的，所以，到了1992年，我们把企业送给了政府，赢得了发展的机会和环境，使企业不断壮大起来。

苏　勇：招不到人才是因为当时很多人对民营企业还存在一种偏见，是吗？这里面有没有什么故事可以和我们分享？

蒋锡培：是的。我们企业规模还很小，名不见经传，又坐落在比较落后的乡村，交通也不方便。

苏　勇：宜兴已经是比较偏了，还要再到乡下。

蒋锡培：对。那个时候从我们这里到上海要五六个小时，我们又是私有企业。这几个原因使得我们没有办法招到好的技术人员，就请上海电缆研究所的"星期日工程师"（请工程师们利用周日休息时间到工厂指导技术，编者注），等他们退休后再担任我们的总工和高级顾问。然后，我们再到其他学校招人，说我们现在是集体企业了，你们来，工资奖金一定比其他地方高，这里有更美好的未来。记得最早是从哈尔滨工业大学招进来了一个大学生。

苏　勇：第一个？

蒋锡培：这是我们第一个大学生，是1992年年底招进来的，为我们树立了很好的示范，后来就逐渐增多了。

苏　勇：我们知道您的五次改制是非常神奇的，很少有一个企业进进出出五次改制，这当中有没有什么故事？您刚才说，第一次是因为碰到了困难，招不到人，贷不到款，就把民营企业转化成为集体企业，然后呢？

蒋锡培：远东的五次改制可能是中国企业里面绝无仅有的。我们每一次的改制都是按照政府或股东们的要求做的，也是根据国家的要求和政策来改变的。改制的目的只有一个，就是怎么样能够更好地优势互补，更好地汲取资源，特别是可以打开市场，招到人才等，所以，远东的每一次改制都使得我们更好地迈上一个新的台阶，有了更好的发展机会。后来，因为企业要进入资本市场，就意味着不单是产品经营得要好，还要和资本结合，所以就把电缆资产和业务等放到了上市公司里，这是后面的一次改制。

苏　勇：第一次是在1992年？

蒋锡培：对。

苏　勇：从民营变成集体的，第二次呢？
蒋锡培：是在1995年。

苏　勇：从集体所有制又改回来？
蒋锡培：对，改回来。

苏　勇：第三次呢？
蒋锡培：第三次是在1997年，由四大央企，国网、华能、江苏电力公司，还有华电集团，占68%的股份，地方政府企业占7%，再加上我们核心员工的25%，也就是既有国家股，也有集体股，又有职工股的一个混合所有制企业。在这一轮改制合作的五年多时间里，每一个股东都得到了多倍的回报，确实是很好的混改尝试。后来，党中央、国务院要求央企剥离非主业的资产。在这样的情况下，我们回购央企和地方政府的股权，成了100%由我们核心员工拥有的公司。

苏　勇：再变回民营企业，这是第四次？
蒋锡培：对。

苏　勇：第五次就是上市了？
蒋锡培：是的。

苏　勇：有人评价说，远东是中国第一家混合所有制企业。
蒋锡培：是的。22年前了，我们是第一家有这样股东结构的企业，而且非常成功。我相信是第一家。

苏　勇：作为第一家混合所有制企业，您觉得像国企、央企和民企的混合所有制给企业带来了一种怎么样的新面貌？有人说，远东通过和央企合股，市场份额稳定了，央企也通过改革获得了民营企业灵活的

改变世界（五）：中国杰出企业家管理思想精粹

机制。请您从一个企业负责人的角度和我们谈谈，党中央号召混合所有制，作为第一个吃"螃蟹"的人，您觉得这样的改革有什么好处？

蒋锡培：当初，中央有这样的要求，几大国企也有这样的意愿，就和远东这样的民企走到一起，各有所需、各有优势，实现了机制、体制优势的结合。另外，还有市场、生产条件、生产环境、产品优势的结合，当然也有资本和人才的互补。但是，有一点需要明确，即使是央企控股的企业，最多就是同等优先，还是要靠我们产品的质量优势和服务优势来赢得股东们的信任和支持，也正是因为这样的理念和制度安排，才使得远东越做越强。如果那个时候我们躺着等他们给订单，或许今天远东就不存在了。我很感激他们的信任，也很感激他们让远东按照市场规律规范运作。我们要参与外部的市场竞争，要靠实力取胜。

苏　勇：要靠质量、靠实力去取胜。

蒋锡培：对，靠信誉、靠品牌、靠服务来取胜。

苏　勇：这五次改制当中有没有什么故事，尤其是其中两次从民企改成国有，让国有企业进来，有没有股东提出不同的意见？

蒋锡培：当然有，每一次改制都有很多不同的想法。

苏　勇：有没有什么具体的故事可以和我们分享一下？

蒋锡培：比如说，我们和四大央企合作，当时华能集团的董事长是到宜兴参加会议的，我们就邀请他到远东来看一下。他看后觉得很好，说我们不是一家来投你，还希望带着国家电网（当时为中国电网公司，编者注）。后来，中国华电、江苏省电力公司也都来了。他们最后确认可以投的时候，还做了很多的审计调查，审下来的结果比我汇报的还要好，净资产还多出了三千多万元。我和他们表态说，企业今后一定会越来越好，特别是有了你们的支持，如果企业经营不好，要亏首先亏我的。

苏　勇：您是这样和他们表态的？
蒋锡培：我也很自信，也有了这样的判断。他们也觉得需要和我这样的企业合作，真心实意为企业、为客户、为股东服务，而且愿意担当，言而有信。所以，在后面合作的几年里，大家都很愉快，他们做到了全力支持，我受益匪浅。

苏　勇：所以是双赢的结果。
蒋锡培：当然。后来，因为他们要剥离，我们就把股权买回来了，但到现在我们都还是很好的关系。

苏　勇：从中国经济发展来看，有苏南模式、温州模式等。您觉得远东可以算是苏南模式的典型代表吗？就是依托集体经济发展起来的企业。
蒋锡培：倒也不是。我们最早是民营企业，是私有企业，第一次改制才把它送给了集体。当时的江苏主要以集体经济为主，后来我们又把它回购过来。所以，这里既有粗放式的私有企业，又有规范式的民营企业，再到集体经济，股份制私有公司，再到混合所有制企业，再后来是上市公司等，一步步都是按照当时的社会环境、经济制度和市场需求来做的决策，不是刻意而为之，而是顺其自然。

苏　勇：顺应市场和环境的需要。
蒋锡培：对。我们是最早设立党支部、党委、党校、纪委的民营企业。远东的政治思想工作和企业文化建设也是全省，甚至是全国的典型。

苏　勇：一直做得非常好。

改变世界（五）：中国杰出企业家管理思想精粹

蒋锡培：党的十六大召开前，有一个民营企业的全国代表名额放到了江苏，江苏放到了无锡。我有幸成为候选人，最后被选举为中国共产党历史上第一个以民营企业家身份参会的全国党代表。

苏　勇：这很不容易。

蒋锡培：所以，我们有高度的历史使命感和荣誉感。原来创办企业或去修钟表是为了养家糊口，为了让生活更好一点，但是，后来想得更多的是能帮助更多的人，帮助我们的国家。

远东控股集团有限公司创始人、董事局主席、党委书记蒋锡培

苏　勇：您觉得在远东的发展过程中，当地政府也好，周边环境也好，给了您什么样的支持或者起到了什么样的作用？

蒋锡培：远东发展到现在，34年一路走来，有今天这样的幸福生活是因为赶上了一个好时代，还有这么多关心、支持我们的客户、股东和社会各界人士。没有他们真心实意地帮助和支持，我有天大的本事都不可能做到。一切都是这个时代带给我们的机会，一切都是别人信任我们给到的机会，我只不过更努力、更用心而已，把每一样产品、每一样服务做到完美、做到极致。我们要成为全球行业当中数一数二的企业，努力创造价值，服务社会，真正为客户、为社会解决实质性的问题。因此，我们始终是在感恩，始终是在自我批判。远东人经常开玩笑说："我们没有最好，只有更好，跟着蒋主席，既辛苦，也快乐。"

苏　勇：远东能够有今天的辉煌，您觉得核心竞争力到底是什么？这个行业竞争是非常激烈的。

蒋锡培：远东的核心竞争力非常简单，就是远东的文化。

苏　勇：为什么是远东的文化呢？文化这个东西我们听起来会觉得比较虚。

蒋锡培：远东的核心竞争力就是远东文化，包含着我们的使命，就是创造价值、服务社会；远东的愿景是共建、共享安全、绿色、美好生活；远东的核心价值观就是以客户为核心，以品绩兼优者为中心，梦想激情、诚信务实、创新创优、自我批判、和谐共赢。这些内容是来自30年前我们请南京大学、上海大学编的一本《远东员工手册》，明确了文化内涵、商业准则等，引领、指导我们一直坚守到今天。在企业的核心价值观中，2018年我们加上了自我批判，是向华为公司，向任正非先生学习后增加的。

苏　勇：2018年加上去的？

蒋锡培：是的。这是远东的核心竞争力，远东的文化也叫"五创文化"，既创业、创新、创优、创富、创福，坚持制度文化和诚信文化。远东一直都在坚守守法、守规、守信的底线，这也是我们的核心竞争力。我相信，无论是一个企业，还是一个国家，今后文化的红利会逐步显现，要想能够更好地、更长久地生存和发展，要实现人类命运共同体的目标、天下为公、天下一体、"一带一路"等倡议。这些都是文化自信的表现，也都是道路自信、理论自信、制度自信的体现。所以要和时代、和党、和国家同频共振，要读懂客户内心的追求，如何能够超越他们的期待，这是最重要的。

苏　勇：我们知道，现在制造业不容易，利润比较薄，远东能够发展得这么好，在管理上有什么独到的做法？我听说你们做了一个很好的客户服务系统，让客户能够时刻追踪到产品制造的进程，从而提升客户的感受，您能不能和我们介绍一下？

蒋锡培：我们的服务系统有一个全过程的追踪，也就是从原辅材料来源开始，到产品生产的各个环节，最后发到哪个地方、哪个单位、哪个工程，运营情况如何，有什么问题，还能用多少年，都可以实时了解。远东坚持一条，就是绝对要对得起自己的良心，不能害自己，更不能害别人。我们相信，还是会有很多人愿意买最好的产品。远东就是靠坚持这样的理念和制度，坚持做最好的产品和服务回报社会、回报客户。我觉得这是我们最核心的优势。

苏　勇：现在你们吸引人才的情况怎么样？是比较乐观的，还是说也面临越来越大的挑战？

蒋锡培：关键是要招到全球最优秀的人才。所谓优秀，就是要有利益他人的心，要有利益他人的本领，要能解决实质性的问题，知道客户的需求，超越客户的期望，做到极致。关键是要有更好的产品和服务，要对得起客户对你的信任和托付。

别的企业愿意用2~5倍的价格来挖远东的核心员工，因为他们知道远东的员工有满满的正能量、满满的激情，有事业心、责任心，善于表达，会给他们带来很好的价值。我们有361的淘汰机制，鼓励前

30%，促进中间的60%，最后的10%如果连续两年都在最后，是要被淘汰的，要解除劳动合同的。

苏　勇：不仅吸引了很多优秀人才，也培养了很多优秀人才。
蒋锡培：是的。

苏　勇：我们在研发上的投入情况怎么样？随着世界的发展，技术更新迭代很快，远东在技术研发上和产品创新上有些什么样的具体举措？
蒋锡培：我们现在在技术研发、技术创新工作上有强烈的意愿，也有很好的制度安排，所有的核心员工都有机会成为事业合伙人。我们不招职业经理人，大家只有成为利益共同体、使命共同体、命运共同体，企业才有可能走远。所以，远东所有的员工，特别是所有的核心员工都有作为投资人和股东的机会。

苏　勇：这是一个怎样的具体安排？
蒋锡培：我们最早的时候希望员工可以投资入股，但员工不理解，也不愿意投。

苏　勇：员工入股企业。
蒋锡培：我们开大会、开小会交流。如果是总监级别，投10万元的话，企业再借你70万元；如果个人投100万元，企业再借你700万元，也就是按照1∶7的比例来配置。

苏　勇：可以用来购买股票吗？
蒋锡培：中层管理干部和有中级职称以上的员工按照1∶3的比例；普通员工是1∶1的比例。不管进来多少，我们都按净资产计价，因为最早的股份都是我的，我没有说溢价5倍、10倍，任何时候你来投，我都给你这个条件。一开始，十个员工中有八九个都不愿意投，说了大半年，最终只有一千多万元的资本金入股，但当年就实现了很好的收益，去掉留成部分，每人按照130%分红。渐渐地，入股的人就多了。第二年拿到了五千多万元，再按照130%分配；第三年，资本金就变成一亿多元，就这样一步步走到今天。

苏　勇： 你们有一个很有社会责任感的做法，就是招了为数不少的身障人士来公司工作，这是出于一种什么样的考虑？怎么会想到有这样的一种安排呢？

蒋锡培： 在我创业初期，父母就告诉我说，村里面哪家有孩子，很困难，你要帮他安排工作。有一个同村人，患有小儿麻痹症，在家里没活干，父母也希望我安排好。从此，我就和身障人士有了缘分，后来逐步了解到这个群体有多庞大，他们多么渴望能够有公平的机会，和正常人一样上学、就业。所以，我们制度上明确，凡是身障人士能够胜任的岗位要优先安排，国家也有相应的鼓励政策，法律也规定要求每个企业按照比例来安置。但是大部分企业不愿意这样做，因为他们和正常人来比还是有很大的差异，你要花很大的力气，花很多的功夫教会他们一技之长。我们平时的访贫问苦是有的，但是更多的是要真正地帮到他们。所以，从安置就业、帮助就业到支持创业，一路走来，和他们积累了很多情感。

　　如果一个身障人士能有一份稳定的工作，他心里就有希望，这个家庭就稳定了。全国有8500万名的身障人士，背后至少有两三亿的家庭成员，他们很期待能有稳定的收入，能有幸福的生活，能有一份尊严。我们非常理解他们，愿意倾注全部力量帮助这个群体。这个富不光是物质条件比以前好了，关键是他内心的精神状态、精神面貌、内心感觉更富有了、更幸福了，他们也能真正感受到社会的关爱。建设和谐社会也是我们的一份责任。

苏　勇：我们换一个话题。您有两个孩子，是吗？像您这样老一代改革开放初期创业的企业家都面临一个问题，也是当前管理学研究非常关注的领域，就是二代接班事业传承。您对这个问题是怎么看的？您有什么具体的安排？

蒋锡培：这是一个大问题，无论是国家还是小家，都要做好传承。传承主要靠文化、靠精神，要学习中华文化，跟上世界步伐，要能够为国家富强、人民富裕贡献智慧和力量。对于小家而言，我们何尝不希望自己的子孙后代更强大，可以为国家、为他人做更多的事情呢？父母就经常教育我说，你搬凳子给别人坐，就是给自己坐，倒茶给别人喝，就是给自己喝，种瓜得瓜，种豆得豆，有这样的因果关系。所以，起心动念就要向善、向上，掏心掏肺去爱别人、爱世界。

苏　勇：您具体是怎样教育孩子的？

蒋锡培：我们希望孩子要有正念，走正路，要与人为善，要有理想、有梦想、有担当、有作为，这是一脉相承的。我有两个儿子，现在老大有三个儿子，老二有两个女儿。我觉得代代相传是需要的，他们要有这样的意识和意愿，为国家、为社会多一些担当、多一些贡献。我鼓励他们创业，要有更好的作为。现在，老大和大儿媳回到公司了，二儿媳也回到公司了。

苏　勇：都回来了？

蒋锡培：除了二儿子在北京创业。我看到他们有这个意愿和这样的能力，也是蛮欣慰的。

苏　勇：您教育小孩有没有特别的故事可以和我们分享一下？

蒋锡培：这个就很多了。其实教育孩子的功劳还要归功于我太太，她比我花的精力要多得多。

苏　勇：因为您比较忙。

蒋锡培：她也很忙，也一直在公司里工作，原来是做零部件的普通工人，后来成为会计，再后来成为财务部的负责人。一直到今天，家里人都是她在照顾，我特别感动和感激。我们教育孩子关键是做人，做人要真、要诚、要实。大儿子读一年级的时候贪玩，有一次我问他，作业做好了没有？还有十天就要开学了。他说做好了，我说你拿来我看看，我一看还有好多没有做，他说了谎，我狠狠地训斥了他。

苏　勇：绝对不能容忍说谎。

蒋锡培：我说，你玩，没有做作业，你说实话，没有关系，还有时间可以完成，但不能说谎，说谎是最糟糕的品质。

苏　勇：这对他以后的成长道路也有影响。

蒋锡培：是蛮有影响的，他至今还记得。他弟弟也在旁边看着。

苏　勇：今后您是希望孩子接班，还是说更多地引进职业经理人？

蒋锡培：蒋承志（蒋锡培大儿子，编者注）三年前就是我们智慧能源的董事长了，他现在带领的团队大多都是80后、90后，未来肯定都是年轻人的世界。我原本想60岁就退二线，现在想继续为国家健康工作20年。但是，我也在考虑怎么样让年轻人更有担当、更有作为，为他们提供更好的平台，赋予更多的责任。

苏　勇：他担任智慧能源模块的董事长，是您有意的安排，认为智慧能源以后是公司的重点发展方向，还是顺其自然？远东的战略布局是怎么样的？

蒋锡培：蒋承志是在2016年8月换届选举时成为上市公司智慧能源的董事长的。这是自然而然的结果。他有这个意愿，也有信心担任这样的职务。他在领导和管理的三年里做了大量工作，得到了广泛认同，这是巨大的改变。

另外，我们智慧能源主要是以智能缆网、远东电缆、远东电池等智慧能源、智慧城市的系统产品和服务作为业务定位。真正成为全球数一数二的行业领军企业是我们的规划和目标。20年前，我们就确定了"主业+投资"的发展战略，现在是紧紧围绕主业。投资看机会、看条件，要把主业做好，因为我们任何的一个板块都是万亿级的市场，哪怕是电缆。特别是在现在追求品质、品牌的环境中，远东遇到了历史性的机遇，要紧紧抓住，我相信一定会越做越好。

苏 勇： 所以，主业是智慧能源，把这个主业做强，然后投资就看机会、看发展？

蒋锡培： 是的。

苏 勇： 我们知道，远东电缆把上市公司的名称改成智慧能源，这也意味着公司今后的主营业务会逐渐往能源和智慧城市方面靠吗？

蒋锡培： 我们现在的主业就是智慧能源。我们的智能缆网，像远东电缆连续20多年在行业处于领先地位，也是全国首家获得"全国质量奖"的企业。

苏 勇： 全国首家？

蒋锡培： 全国首家。我们的远东电池在江西和江苏各有一个基地，赶上了国家新能源发展战略。这是一个超大量级的市场，有着超大量级的需求。另外，我们的智慧机场的智能电网的规划设计和建设，包括机场航道灯光的规划设计，还有2019年可能拿到的机场跑道的建设资质，已经在这个细分领域中做到全球数一数二了。所以，无论是远东电缆、远东电池，还是智慧机场，都有非常大的机会，只要有更好的竞争优势，未来像我们这样的企业的发展空间是巨大的。

改变世界（五）：中国杰出企业家管理思想精粹

苏　勇： 您在上海建了一个远东的上海中心，那个中心的功能是什么？

蒋锡培： 是展示的窗口、产能公司的办公地，还有就是接待的联络点。全国很多地方都有我们的工厂，包括安徽天长、江苏宜兴、江苏泰兴、北京、深圳等。未来要想成为全球数一数二的企业，就要和全球最好的公司合作，去学习标杆，然后超越标杆。我们要做的事情还有很多，现在只是二次创业的开始，希望借鉴一切好的管理思想和经验，借鉴一切做得好的标杆企业和示范企业，希望通过不断增强学习，提升学习能力，提高我们的智慧、格局和境界。在远东，我们一直倡导要不断学习中华文化，不断提升心灵品质，开发心灵宝藏，主宰行为，坚持明心、净心，坚持反省、感恩。

苏勇教授将项目成果赠送给蒋锡培主席（右）

苏　勇： 讲到中华文化，我们刚才看到，在您公司的大门口有一个王阳明的雕像，知道您对阳明心学，包括王阳明先生的理论有很强的学习意愿和很深的研究，这是出于什么样的考虑？

蒋锡培：两年前，我对王阳明还不了解。2017年4月15日、16日，我和太太还有两个儿子到深圳去参加致良知的学习，得知致良知是一个伟大的力量，我们愿意做新长征路上的无畏战士。两天的中华文化的学习，特别是王阳明思想的学习，使我们感受到了阳明心学的伟大力量，希望能够更多地去学习。后来，我们参加了企业家论坛，还有乌镇学习等，真正明白了"心—道—德—事"四部曲的内涵，真正懂得如何从心上下功夫。"身之主宰便是心"，我们越来越体会到，心是道的源泉，道是德的根本，德是事的根源，光在事上下功夫是远远不够的，一定是要从心上下功夫，真正使每一个人都懂得和明白，心有非常大的潜能，是充满保障的，如何去激发这份能量，就需要不断地学习、不断地反省。

苏　勇：公司有没有具体的举措，怎么样用王阳明先生的思想、阳明心学让大家做到致良知，做到知行合一？

蒋锡培：我们很早就成立了远东大学，2018年增设了致良知四合院。远东创办初期就确定要建设学习型组织。因此，当我们进入四合院，真正去领会"心—道—德—事"的核心内涵，真正懂得怎么样能够明心、净心的时候，这份激情自然而然会不断得到提高和增长，不再是以往的小我，而是为更好的大我，更好地去帮助别人，利益他人。我们学习的最终目的是要建设最美家庭，成就伟大事业，为国家、为他人作贡献。

苏　勇：您作为中国杰出企业家的代表，曾经给中央提出过12条建议，建议给民营企业家减税，减轻民营企业负担，这是什么样的考虑，怎么会想到写这么一份建议书？

蒋锡培：其实，我在参加人民代表大会和相关的座谈会上也提出过，在2017年5月5日国务院召开的座谈会上，我们拿出两份建议，一是如何像治理酒驾一样去打假,如何能够更好地优化产品质量法、反不正当竞争法、知识产权保护法、税法,以及招标投标法等,要依道而行,遵循市场规律,营造更好的法治环境和竞争环境;二是,我们也希望能够减轻企业的负担,特别是民营企业的负担。

在后面一年多时间里,中央相关部门修改了相关的法律法规,确实减轻了企业负担。到了8月,国务院召集我们召开座谈会,希望能够再反映一些真实的情况,我就提了这些建议,在当时引起了社会的高度关注,大家也期待能够让党中央、国务院更快地采取相关措施。10月29日,国务院又一次召开座谈会,我们提了很多建议,得到了高度重视。11月1日,习近平总书记亲自召开民营企业家座谈会,大家也都看到了,中央领导是非常关心民营企业的,特别是民营企业家,因为民营企业就是民生经济,民营企业家是社会重要的资源。

苏　勇:对,现在民营经济在整个国民经济当中占有很大的比重。

蒋锡培:十年前,民营企业占全社会融资的60%左右,到了2018年,就不到15%了。这与民营企业对全社会的贡献是不匹配的。我相信党中央、国务院是下决心要做好的。营商环境中,最重要的是法治环境,最大的问题是信心问题,最大的成本是制度成本。要和党、国家同频共振,不忘初心,上下同欲,有了这样的座谈会的机会,希望我们讲真话,我们也不能讲假话。

苏　勇:所以,您是发自内心地把一些想法谈出来了。

蒋锡培:我去参加座谈会之前做了功课,要认真对待,不能浪费首长和领导的时间,也不浪费别人的时间。我们是深爱着自己的祖国,珍惜来之不易的生活和成就。

苏　勇:还有一个问题。您作为土生土长的中国企业家,现在领导着远东这么一个体量庞大的现代化企业,又在和跨国公司在打交道。您是怎么样看待在企业管理中中西方管理思想的平衡的？

蒋锡培：每一个国家、每一个民族之所以能生存发展到今天，都有自己独到的优势，包括制度优势和文化优势。中国有中国的国情，有中国的考量，所以，中国的事情还是要靠中国人民自己去解决。中华民族历史悠久，现在又焕发了青春和活力，是一个非常勤劳的民族。我们觉得，中西文化的交融是必然的。我们要更加开放，互相借鉴、互相学习，以人类命运共同体天下为一家，共建共享，互利共赢。

苏 勇：在具体的管理当中，您是怎么样把西方的现代管理思想和中国的传统文化很好地结合起来的？

蒋锡培：我们只有通过学习和比较，真正读懂这个世界，读懂行业，读懂客户，对市场、对规律、对法律都要有敬畏之心，这才能走好、走远。

苏 勇：您对中国的制造业未来发展有什么样的展望？

蒋锡培：制造业是世界经济的基础，也是脊梁，只有制造业强大了，金融业、互联网、物联网等产业才能有更好的发展。中国的制造业从无到有，从小到大，在很多领域中已领先于世界，但是，我们还有很多短板，要借鉴全球一切好的制造理念和技术，互相学习、互相帮助、共创共赢。这不光是政治家的使命，也是企业家应有的责任。

苏 勇：谢谢！

蒋锡培：谢谢苏教授！

【专家点评】

蒋锡培：东方自出，任重道远

郭亿馨 博士
复旦大学东方管理研究院特约研究员

于保平 博士
复旦大学管理学院商业知识发展与传播中心主任

远东掌舵人蒋锡培，是很有资历的家族企业第一代创业者，他经常出现在家族企业传承接班的论坛上，分享自己对于创业和家族企业传承发展的看法。有的时候他和儿子同台交流，成为别人眼里成功传承接班的榜样。

在创业伊始，以"我要有五万块钱存款，有两间楼房，要找一个贤惠漂亮的会过日子的老婆"为创业理想的蒋锡培，到今天成为阳明心学的践行者，他四十年的创业与远东的成长，正是东方自出，顺势而为的过程。

筚路蓝缕，以启山林

蒋锡培之所以在同时代的家族企业创业者中显得很年轻，是因为他出道早，17岁就开始创业了。1963年4月，蒋锡培出生在江苏宜兴的一个普通农村家庭。宜兴素有教授之乡、两院院士之乡的美名，在这个刚出生的农家孩子身上，无疑寄托了父母通过读书改变整个家族命运的殷切期望。

然而下帷攻读并非蒋锡培的心愿。1980年，蒋锡培高考失利，

蒋锡培——胜寸心，胜苍穹

便打起了跟随哥哥修钟表赚钱的主意。父母对此坚决反对，为了打消蒋锡培修钟表的心思，父母让他去干农活，希望昼耕夜诵的辛苦能让他回心转意。蒋锡培难违父母之命，又读了一个月，但还是想着要和哥哥修钟表赚钱去。这时的他心里明白，20世纪80年代的大学升学率不到3%，况且他所在的乡里的高中，那年没有一个人考上大学。此后，蒋锡培铁心铁意地要去修钟表做生意，还为自己立下了一个梦想，"我要有五万块钱存款，有两间楼房，要找一个贤惠漂亮的会过日子的老婆"。这个梦想陪伴着蒋锡培开始了和哥哥修钟表的日子。仿佛得到了上天的偏爱，蒋锡培在修钟表上显示出了极高的天分。56天后，他就能够处理很多哥哥都解决不了的钟表问题。于是兄弟俩各自摆了一个摊，但仍然朝夕相处。就这样不到两年，蒋锡培当年立下的"五万块钱存款、两间楼房、一个贤惠漂亮的会过日子的老婆"三个志向全都如愿以偿了。

创业者最大的特点是在有资本的情况下会寻求更大的资本回报。蒋锡培用这第一桶金，回宜兴创办了一个仪表仪器厂，专做钟表里的发条。不知天高地厚的蒋锡培听人家介绍就去买了两台设备和一点原辅材料，家庭作坊式地开始制作闹钟里的发条。产品做出来后，新的问题随之而来。寻找买家是最大的挑战！终于等到了上海闹钟厂要出口大量的闹钟，让蒋锡培的仪表厂送一批样品看看，但是用了他们的发条装配的闹钟出口以后全部被退货。生意不赚反赔，让创业初期的蒋锡培充分认识到了质量是企业的生命。其质量意识在今后的创业岁月中一直贯穿始终，从而成就了今日远东的市场地位。

1988年，蒋锡培再次创业。时任宜兴塑胶线厂供销科长的哥哥告诉蒋锡培，可以尝试做做电线、电缆的生意，他来解决销路问题。蒋锡培带着亲朋好友三千元、五千元的信任，凑了将近10万元块钱，用不到两年的时间，不仅还清了所有债务，还攒下了100万元，生意蒸蒸日上。

这次创业的成功，正是蒋锡培质量意识的成功："客户意识和质量意识永远是企业的生命所在"。时至今日，蒋锡培坚持选择全世界最好的工艺技术和装备，加以系统的管理制度、敬业的员工，让远东的产品在后面十多年的时间里一直供不应求。

如日方升的远东让蒋锡培甚以欣慰，但这时民营企业规模较小、地方偏远又带来了新的困扰——招人难。业以才兴，蒋锡培清楚，专业能力对于一家制造企业至关重要。蒋锡培倚重人才，在他心中所有核心员工都有机会成为事业合伙人，通过优化核心员工股权激励方案和股票长期增持方案，让员工成为远东的利益共同体、使命共同体、命运共同体，激发他们心中的归属感、奋进感、内驱力。凭借着对专业和人才的尊重，蒋锡培在业内赢得了蒋校长的美名。

锐意进取，顺势而为

制度突破能力体现了企业家的在制度创新、社会变迁与创新发展方面推动变革的创造性，以及在战略发展中整合不同机会的主动性和创新的能动性。远东的成长，历经了中国企业里绝无仅有的五次改制，从1992年民营转为乡办企业、1995年集体所有制转为股份制、1997年探索混合所有制、2002年再度民营化到2005年实现整体上市，蒋锡培每一次探索都为了更好地优势互补、汲取资源，实现机制体制优势的结合。

对蒋锡培来说，每一次改制既是一次制度创新，也是战略的重新调整，这其中的风云激荡可想而知。1997年，响应中央的号召，当时的远东与中国华能、江苏电力、国家电网、中国华电四大国企合作合资，开始探索混合所有制的可能。投资前审计调查的结果令人满意，比当初汇报的净资产还多出了三千多万元。蒋锡培自信地和资本方表态，"如果以后企业经营不好，要亏首先亏我的"。

改制完成后，四大央企占股68%，地方政府企业占7%，再加上核心员工占25%，形成了一个既有国家股、又有集体股、又有职工股的混合所有制企业。这一轮改制合作五年多时间里，远东按照市场规律规范竞争，通过市场、生产条件、生产环境、产品优势的结合，资本、人才的互补，信誉和品牌的力量，质量和服务优势的发挥，为每一个股东都带来了丰厚的回报，蒋锡培也的确做到了言而有信。

"君子谋时而动，顺势而为。"在蒋锡培看来，远东的每一次改制都不是刻意为之，而是按照当时的社会环境、经济制度和企业市场需求做出的决策。

格致诚正，修齐治平

美国著名管理学家埃德加·沙因（Edgar Schein）认为，清晰的企业信仰和价值观能够让组织从一开始就走向成功。蒋锡培在30年前，就请南京大学、上海大学为远东编制了一本远东员工手册，明确了文化内涵，包括共建共享安全、绿色、美好生活的愿景，以客户为核心、以品绩兼优者为中心、梦想激情、诚信务实、创新创优、和灵共赢的核心价值观。在此基础上，不断延伸探索，加入新鲜的思想，例如2018年向任正非学习后在核心价值观中加入了"自我批判"的内容。

从企业创办初期养家糊口的需求，到追求更好的生活，再到如今，蒋锡培考虑更多的是用"创业、创新、创优、创富、创福"的五创文化治理企业，进而帮助更多的人，扶持身障人士等弱势群体，承担更多社会责任，帮助整个国家乃至人类命运共同体。天下为公，天下一体，无论是一个企业，还是一个国家，文化的红利都会支持这个组织更好、更长久地生存和发展。

"不能胜寸心，安能胜苍穹"。要成就伟大事业，光在事上下功夫是远远不够的，心是道的源泉，道是德的根本，德是事的根源。作为阳明心学的践行者，蒋锡培很早就成立了远东大学，2018年增设了致良知四合院，通过建设学习型的组织，懂得明心、净心，肩负起对社会、对国家、对民族的担当。

薪火相传，未来可期

和其他改革开放初期创业的企业家一样，蒋锡培也面临着事业传承的问题。他教育儿子上善若水，因果有报，鼓励他们有正念、走正路，有理想、有梦想、有担当、有作为。如今，蒋锡培的大儿子蒋承志已经是远东下属智慧能源的董事长，带领一群80后、90后的团队着力开创智慧能源的新版图，而蒋锡培在背后努力且自豪地为他们提供更好的平台。

随着远东电缆上市公司更名为智慧能源，远东的主业也逐渐向以远东电缆、远东电池等智慧能源、智慧城市为代表的系统产品和服务方面倾斜。在蒋锡培看来，现今追求品质、品牌的环境是远东历史性的机遇，又正好赶上了国家新能源发展战略，无论是远东电缆、远东电池，还是已经做到全球做到数一数二智慧机场，在这是一个超大量级的市场需求下，都有非常大发展空间。

著名管理思想家查尔斯·汉迪（Charles Handy）曾用希腊神话中的奥林匹斯诸神来形容不同企业的管理文化风格，提炼出"管理的众神"理论，其中尊崇创造力的智慧女神雅典娜代表着整合资源与策略，以创新作为解决问题钥匙的组织类型。未来已来，期待在智慧女神的守护下，远东能够越走越远。

宋郑还
自我颠覆者

主 持 人：苏　勇　复旦大学管理学院教授、博士生导师
　　　　　　　　　复旦大学东方管理研究院院长
访谈对象：宋郑还　好孩子集团董事局主席、创始人
访谈时间：2019年9月26日
访谈地点：好孩子集团江苏昆山总部

苏　勇：宋主席，非常感谢您接受我们项目的访谈。我们知道，好孩子集团的诞生颇具有传奇性。当时，您是一位老师，是中学的副校长，是吧？

宋郑还：是。

苏　勇：您当时怎么会有这样的机缘来办一个工厂，又怎么会选择童车作为第一个产品？

改变世界（五）：中国杰出企业家管理思想精粹

宋郑还：我们是校办企业。当时，为了补贴各学校的教育经费，国家给了校办企业一些政策，比如说，校办企业可以免交所得税，所以，很多学校都办。我们陆家中学也办了一个，是几个化学老师一起炼铜，在这个基础上再进行精加工，到上海工厂里接单子，是简单的小作坊。校办企业里面有一部分是老师的集资款，当时的工资都很低，我的工资还不到50元。到了20世纪80年代后期，校办企业要倒闭了，资不抵债问题非常严重，欠了20多万元的债务，这是一个天文数字，影响了老师们的情绪。在这个情况下，局长找到我说："小宋，你是三个校长里面最年轻的，由你来管理校办工厂，一定不能让它倒闭，不要影响到士气。"另一位局长跟我说："其他的局办厂都是局长拿着钱撑厂长的腰杆子，但是，我这个教育局长就只有两只手，还是空手，你要给教育作贡献。"

苏勇教授访谈宋郑还主席（左）

苏　勇：意思是说他没钱？

宋郑还：对。当时确实非常困难，也不知道该怎么办。如果给企业工厂做加工，发现我们的技术和设备工艺都不行，没有前途。怎么办呢？面对这样的情况，开始的时候，我们去上海的街头找活儿干，真的是跑穿了鞋底，一点儿都不夸张。我当时穿着皮鞋，到下雨天的时候都会渗进水，因为鞋底跑穿了。但是，企业还是办不下去，没有订单，也发不出工资，欠了一大堆债。在这种情况下，我们就想，是不是能创造自己的产品，做出自己的品牌，打出自己的通路，变成名牌企业。

苏　勇：当初就有这样一个梦想？

宋郑还：对。我和员工讲，虽然做什么，我们还不知道，但是无论如何都要有自信，要么不做，要做就做第一。当时有一句话说，"我是第一，因为我可以是第一"。没有人可以剥夺我做第一的权力，剩下的就在于自身了。大家都觉得我在吹牛。后来，我就带着大家一起做事，做世界上没有的产品，做两种功能的婴儿车，可以推，也可以摇，所谓的四两拨千斤，出奇制胜。但是，我们没有办法投产，因为实在没有资金。

苏　勇：为什么选择婴儿车呢？

宋郑还：这里有一个机缘。我在学校当副校长的时候，帮助过上海的一个军工厂里的李总工程师。当时，国家要求军转民，做民用产品，他知道我在搞校办厂，就拿着一个婴儿车过来说："你们要不要把这个车做一做？如果能做出来，我们可以包销。"当时，我们一看这个婴儿车也不是太复杂，就开始钻研怎么制造。

苏　勇：就是这么一个契机？

宋郑还：对。但是，后来没有合作成功，也没有做起来。

苏　勇：但是，这件事情触发了您从婴儿车产品入手？

宋郑还：对。

苏　勇：后来是怎么从两功能婴儿车转到了四功能的？
宋郑还：当时做两功能婴儿车没有投产，因为实在是没有资金。后来，我申请了一个专利，虽然没有批下来，但是，我拿着专利申请受理通知书去找买家，看能不能卖掉它。上海浦东三林塘有一个镇办企业，他们正缺产品，看上了我们这个车子，我就把两功能车的专利卖给了他们。

苏　勇：赚到了第一笔钱？
宋郑还：对，那是赚到的第一笔钱，4万元。

苏　勇：听说，您拿到4万元后，先去盖了一个厂门？
宋郑还：是。

苏　勇：为什么？
宋郑还：我到这个工厂后发现，最大的问题是大家没有信心，大家感觉工厂没有什么希望，所有的技术人员也都走了。这里也不像工厂，没有厂门，进来后都是烂泥路，下雨天的时候鞋子都会脏掉。这样的一个工厂，工人进来的时候会是什么心情？事情都是人做的，人是要有精神的。所以，我第一件事情就是要把工人的信心拉起来，一定要先建厂门。

苏　勇：所以就盖了这么一个厂门。
宋郑还：当时还受到了局长的批评，说我不会当家，稍微有点儿钱了不先还债，去盖厂门干嘛？我说，要把大家的希望点燃起来。

苏　勇：这个厂门实际上是一个标志物，把大家信心鼓舞起来。

宋郑还： 对。两功能的车子专利卖了4万元，看到这是一个来钱的好门路，我就继续研究产品，准备继续靠卖专利把债还上。刚好，南京新街口百货商店的王经理和我说，两功能婴儿车不稀奇，要是三功能、四功能，他一个月就能卖500台。我又去动脑筋，在两功能的基础上加了学步车和摇椅，结果在深圳的一个展销会上，这个车子的专利转让费被炒到了15万元。我看到这势头后就开始盘算，要是自己生产去卖的话会更有赚头，马上说不卖了，回家找银行借款建了生产线，这就有了"好孩子"。

苏　勇： 我们知道，"好孩子"现在每年都设计出400多款新产品，非常了不起。据说，你们的专利数量比全球竞争对手前五位合起来还要多。这些设计的灵感是来自哪里？是研发人员能力特别强大，还是不断到消费者那里去寻找灵感呢？

宋郑还： 应该讲，归根到底是来自市场，来自对消费者需求的理解。我们做的这一类产品，可以说，每一个人都是消费者，都有生活的体验。比方说，我们风靡世界的口袋车是一个工业设计大奖的大满贯得主（注：指口袋车获得了iF金奖、红点奖、中国优秀工业设计奖金奖及中国外观设计金奖，编者注），同时，也得到了吉尼斯世界纪录，它是世界上折叠起来后最小的一款婴儿车。

这个车是怎么想出来的呢？一方面，我们从网络上及零售店中搜集到了信息，发现轻便、出门携带方便的婴儿车的需求量是很大的。另一方面，研发人员要有灵感，那灵感出自哪里呢？昆山有一个阳澄湖，阳澄湖里有大闸蟹，平时是"横行霸道"，但是，当把它捆绑起来后会变得很小，这变成了一个仿生的灵感。我们就把婴儿车像大闸蟹一样去折叠，折叠到最小，果真就设计出来了。所以，这既有对市场需求的理解，又有设计理念的灵感，这样就设计出了好产品。

改变世界（五）：中国杰出企业家管理思想精粹

好孩子集团创始人、董事局主席宋郑还

苏　勇：我们知道，一个产品从灵感到设计，再落地变成产品，这个过程非常不容易。好孩子集团有什么机制来保障产品的创新，并实现市场的效益呢？

宋郑还：这是一个产业链、价值链的功能。我们非常注重一点，就是一定要市场导向，具体在组织里的体现就是，商务策划、商品企划工作一定是由品牌经营团队来负责，实现研、产、销一条龙，他们是龙头。

苏　勇：以市场为导向？

宋郑还：对，以市场为导向，以用户需求和体验为导向，以此来拉动整个公司内部的各个部门，实现价值链的端到端的运作。

苏　勇：根据市场需求来促进研发人员不断把产品实现迭代创新？

宋郑还：对。

苏　勇：我们知道，"好孩子"到今天还有一个独特的做法，就是用人工负重来测试儿童车的性能，而不是完全用机器来测试。为什么坚持这样做？

宋郑还：这件事情很有意思，当初做婴儿车的时候，最担心的是质量不过关，我们没有经验，怎么办？当时，我们没有任何测试手段，也没有设备，不懂得怎么样测试，想到的最笨的办法就是用人工来测试，也就是让婴儿车负重，然后用人工在各种道路上推，看看它有没有什么问题。

苏　勇：但是，今天完全可以用现代化、自动化的方法来测试的。

宋郑还：对。我们现在已经拥有了全世界最先进的测试中心。这个中心的检测品类项目及其水准得到了欧盟、美国的认可，中心检测的结果是有法律效力的。尽管如此，虽然工厂负责人已经换了好几任，但到现在，每一任都还坚持用这样一个"笨"方法。为什么？我们发现，再先进的设备也模拟不出来或者很难模拟出来真实的用户使用状况。

苏　勇：哪怕是再先进的设备？

宋郑还：也很难模拟出来。我们的这条道路集中了世界上的各种路况，人去推行的时候，他们的工作不仅仅是推着走路，还要报告他们的体验，有没有什么问题。现在，这些测试人员很有经验，车子一推就能感觉到哪里是有问题的。所以，用户体验标准是可以从这样的测试当中得出来。

苏　勇：所以，还不是机器完全可以真实地模拟出来的？

宋郑还：是的。

改变世界（五）：中国杰出企业家管理思想精粹

苏　勇：您刚才提到好孩子集团拥有高标准的检测中心，你们现在拥有哪些方面的检测，在全世界居于怎样的水平？

宋郑还：我们测试的门类是完整的，可以说，涵盖了涉及儿童的所有东西，包括吃的、用的；还有其他品类产品，比方说婴儿车、汽车安全座椅，以及护理用品、纸品、洗护类、玩具类等，品类非常完整。

苏　勇：标准也高？

宋郑还：对。我们企业使用的内部标准比最严的欧盟标准还要高。比如，儿童推车推把的强度检测，国标是800次，欧标是10000次，我们是15000次；儿童可接触材料的总铅含量，国际最严格的标准是要小于100ppm，我们的控制标准则是小于20ppm。

苏　勇：那你们检测出来的结果能在全世界通行吗？

宋郑还：可以。现在很多外销企业，包括国外的一些企业，他们都会到我们这里来做检测，因为"好孩子"的实验中心是被欧盟和美国认可的。也就是说，"好孩子"实验室说你是合格的，那欧盟就认，美国也认。

苏　勇：产品通过您这里的相关测试就等于拿到一个走向全世界市场的通行证？

宋郑还：是的。

苏　勇：对质量的追求、产品不断迭代的创新，是"好孩子"的一个核心竞争力，对吗？

宋郑还：可以这样说。从一开始我们就有一个观念，我们是给孩子做东西，孩子是大家最宝贝的，要对孩子负责任，对社会负责任。小孩子什么东西都往嘴里放，除了可以看到的物理性安全以外，还有一些化学性的东西，大人用眼睛是看不到的，如果用的车子不舒服，孩子是说不出来的。你就需要为孩子着想，这才是一个负责任的企业。做第一，做什么第一呢？一开始真的不太清楚，但是，质量第一是一定的，所以，从一开始我就要求大家认真把好质量关。

在这个基础上，我们还要不断开发新产品，挑战很大。为了让新产品的质量好，在产品出厂前，在设计当中，我们就用技术指标去控制它，去研究它，这样一来，我们在标准的研究上就领先了。现在，我们是国际上很多国家标委会的成员，也是国际ISO标准化委员会的秘书处成员，带领着全球的专家制定儿童乘用车的标准。我记得，ISO副主席伊丽莎白女士到我们这里参观访问的时候说，你们做标准研究是有条件的。为什么？因为我们是从研发新产品到生产管理进行全过程质量控制。

苏　勇：就是说，别人没有碰到的问题你先碰到，先解决，然后放到整个生产过程当中去，就有了很大的话语权？

宋郑还：对的。一方面，我们的商誉很好，1996年第一辆婴儿车销到美国市场，成为美国第一，后来又成为欧洲第一，没有出过一次恶性回收事故，甚至连消费者投诉赔偿的法律事故都没有，经受住了欧美市场严苛的考验。另一方面，我们在标准领域的话语权是非常强的，不仅是技术标准，还在不断创新研发，在行业里不断有引领性的、影响世界行业发展方向的趋势性、现象级的产品出现。一流企业要做标准，不是仅仅是做技术标准，还需要产品不断推陈出新，引领行业发展。

苏　勇：听说，全世界三辆童车里有一辆就是"好孩子"的，是不是有这样的一个地位？

宋郑还：是的。我们的汽车安全座椅现在在美国、中国及欧洲前五大经济体的占有率都是第一，在德国最高，达到了55%。

改变世界（五）：中国杰出企业家管理思想精粹

苏勇教授向宋郑还主席（左）赠送访谈录项目成果

苏　勇：我们知道，您还发明一个词，叫"OPM"，这是什么意思，能不能给我们解释一下，它在"好孩子"的发展过程当中发挥了什么作用？

宋郑还：1994年，我们在对比了日本、美国、欧洲市场后发现，美国市场是中国企业最容易去做的，就准备去开拓美国市场。

苏　勇：为什么？

宋郑还：因为美国市场不仅有高端的东西，也有比较低端的。美国消费者比较讲究性价比，不像日本，要求很高的精细程度，在当时，我们根本没有这个能力。欧洲也是一样，欧洲对设计的要求特别高，美国相对比较随便。所以，我们选中了美国市场作为进入国际市场的第一站。

苏　勇：当时有没有什么故事，可以和我们说一下吗？

宋郑还：当时，我们用的是自己品牌，就是Goodbaby，我们在国内用，到美国也用，就发现问题了。我们要卖产品，首先要去找美国的11大连锁系统，去找那些连锁店。但发现不行，因为你是一个中国企业，从来没有做过美国市场，老百姓不知道Goodbaby。我们发现，Made in China是可以接受的，但Chinese Brand是有问题的，就想能不能找一个美国家喻户晓的品牌合作。一个朋友向我们推荐说，美国有一家COSCO公司，他们在卖婴儿车的轮子，因为竞争失利，准备退出婴儿车市场，想尽快卖掉剩余的配件。我们想，这会是非常好的合作伙伴，他的婴儿车不行，没有关系，我们来，我们行。

当时，我专门设计了一款给美国家庭使用的婴儿车，叫"爸爸摇妈妈摇"。这款车是一个特别的品种，独一无二。它把孩子坐的睡袋像秋千一样挂在车架子上，当架子晃动的时候，这个车兜就像秋千一样摇晃。它有两种摇法，一种是比较激烈的，一种是比较平稳的，所以叫"爸爸摇妈妈摇"。我们用自己的品牌打不进美国市场，就去找COSCO公司，当时他们很忙，也没想到会和我们产生合作。

苏　勇：没太看得起中国公司。

宋郑还：对。当时，他们的总裁讲，两个会议当中只有十五分钟，让我抓紧时间。和我一起去的Michael曲南说，十五分钟怎么够？我说，真要成功的话，五分钟就够了。我们就在会议室里等，他们的总裁尼克走进来，我们把婴儿车打开，车子造型很好看，是一个大弧形，世界上没有过。我轻轻一晃，座兜就摇起来了，尼克眼睛就发光了，说非常完美，高兴得不得了。他把后面的会都推迟了，我们至少谈了一个小时。我回到上海后的第三天，他就赶到上海，参观了我们的开发部，说"好孩子"是一个金矿，一定要合作。

苏　勇：当时他就有这样的判断？

宋郑还：对。后来我们就在上海签订了合约，一对一的合作。当时，经济学上的OEM是加工，ODM是定制，OBM是经营自主品牌，我们叫什么呢？后来，我们自己起了一个名字叫作"OPM"，产品也好，专利也好，这个P都是我们的，就是做自己的产品，然后去找合作伙伴，用他们的品牌与我们合作。

思路清楚以后，我们在美国建立研发机构，招兵买马，研究美国市场和消费需求，中国的研发中心进行配合，一条龙就建起来了。我们和COSCO公司组成一个虚拟组合，非常成功。1996年，"爸爸摇妈妈摇"上了市场，到1999年，三年多的时间，我们销售量就成了美国第一名，共卖出了100多万辆。对于我们来说，这是非常大的启发，我们可以用自己的研发去找合作伙伴打开国际市场，这就是"OPM"，发挥各自优势。后面我们打欧洲市场也是这么做的，同样获得了成功。

苏　勇：蹚出一条成功的路子。

宋郑还：对。

苏　勇：现在，好孩子集团拥有了一个德国公司，一个美国公司，从

OPM慢慢发展到在国外建研发中心，然后有了自己的工厂，这当中有什么体会可以和我们分享一下吗？

宋郑还： 当我们进入这个产业链的时候，发现本土化经营还是非常关键的，你要想真正站稳国际市场，就必须要打造一个本土化经营的团队。

苏　勇： 还是要有阵地化的经营？

宋郑还： 对。我们总结出来，全球化就是本土化。我们选择德国和美国，加上中国。这三个国家是世界三个区域的引擎，是制高点。

苏　勇： 德国就是欧洲，美国就是北美，中国就是亚洲？

宋郑还： 对。我们目标很明确，就是要找这样的机会去并购德国有创新基因的品牌，在美国要的是能够做美国第一的领导品牌。2014年，用半年的时间就拿下了两家公司。

苏　勇： 半年内连续收购两家？

宋郑还： 对。我们原来是隐形冠军，这两个品牌一买下来，团队一建，就占据全球制高点了，一下子就变成经营自己的品牌（OBM）。

苏　勇： 一个战略布局就形成了？

宋郑还： 对。

苏　勇： 现在说，中国企业走出去，有的很成功，有的也碰到很多问题。您在收购这两家公司以后，怎么来实现美国公司、德国公司和中国本土公司的文化融合，如何实施有效的经营？

宋郑还： 我们也经历了很多的痛苦，相当不容易。欧洲和美国看起来都是西方，但实际上是不一样的。

苏　勇：也有很大的差异？

宋郑还：文化差异太大了。再加上中国，这三个区域的文化差异非常大。

苏　勇：能给我们举个例子吗？

宋郑还：我们品牌经营中心在德国，全球品牌的标准都是由德国团队来负责。他们是"一根筋"。举个例子，好孩子集团的很多标准一直是欧盟标准的两倍。前不久，欧盟标准改变了，承重增加了5千克，标准变得更严了。正好中国有一批产品要上市，但测试下来后发现，虽然达到了老标准的两倍，但没有达到新标准的两倍。按照中国思维来讲，老标准的两倍，还是超过新标准的，安全性绝对没有问题。德国人不这样想，说标准从哪一天开始变，就必须哪天开始要达到，否则就要停产。双方争来争去，到我这里来的时候，已经因为停产影响了市场，产生了一定的后果。如果按照中国思维来讲，肯定是先放行，之后再慢慢改，因为我们本身就是原来欧盟标准的两倍。但是，我最终支持德国团队，必须达到欧盟新标准的两倍才能出厂，否则就停产。另外，我们的一些战略思维，德国人或美国人不太认同，我们会想得比较远。不过，经过长时间的磨合，协同性越来越好了。

苏　勇：听说，在国外企业中您每年都会评选优秀员工，邀请他们到中国来参观，怎么会想出这样一个做法？

宋郑还：我们并购的美国公司是有工厂的，在美国行业里算是非常好的，杂志上也报道过。工人的工龄都很长，都是非常可爱的老员工，但是，对被一家中国企业并购他们存有很多的疑惑。

苏　勇：心里还不太买账。

宋郑还：也不是说不买账。中国是一个世界工厂，不缺制造，缺的是品牌。你为了一个品牌把我们工厂买下来，那我们还有前途吗？还有人觉得，他们是一个百年品牌，非常知名，他们非常爱护这个品牌，很有感情。工作几十年的老员工特别多，他们担心中国人会不会像他们一样来爱护这个品牌，所以，在他们心中有各种各样的疑惑。

去和大家开座谈会的时候，我发现这些工人太可爱了。从2014年7月开始，我们每年评选出3位优秀员工到中国访问，考察市场。第一次来的人很高兴，到2019年已经是第五次了，前四批人在员工里面做了很多的宣传。第一，他们感觉能身为好孩子集团的一员非常骄傲，发现好孩子的价值观和他们是一样的，都很有社会责任感；发现好孩子的愿景比他们原来想象的还要大。第二，他们感到震撼，他们原来的工厂是专门做汽车安全座椅的，到中国工厂一看，这里什么都做，而且做得都那么专业，很多方面都远超美国。再看到我们的市场，有那么多的店，当时全国有2000多家，他们在店里的体验也觉得非常有意思，感觉到在这个集团工作会非常有希望。

苏　勇：没有想到有中国公司可以做得那么好。

宋郑还：对，这几百名员工都成了我的粉丝。2019年是第五批，他们带来了一张全体员工拍的照片，称我为宋先生，是他们的"领袖"。我很感动，觉得这是一种很好的融合。

苏　勇：您刚才讲到，两家公司是2014年用了半年时间并购的，一家是德国的高端儿童用品公司叫CYBEX，另外一家是美国的百年儿童用品公司叫Evenflo。您为什么会选择这两家公司做并购对象？这是第一个问题。第二个问题，并购以后仅仅用了一年的时间，CYBEX业绩增长了88%，Evenflo也走出了之前连续5年亏损的阴霾，您用了什么高招？

宋郑还：并购是我们全球化战略中非常重要的一个步骤，进行了精心的研究。我们认为，如果仅仅为了量，并购是不可取的，而是一定要让企业发生质的变化，不仅仅是因为以前没有品牌，现在买一家品牌。品牌经营是个大问题。

CYBEX像一匹黑马，在很短的时间里从零变成了一个行业最高端的品牌。它的经营规模不是很大，但它的经营成绩很了不起。它成了这个行业里真正意义上的奢侈品。这就是一个动能，是未来商业的底层动能。它是从时尚界跨过来的，经营的思路、方式都不一样。

苏　勇：带来很多时尚的元素。
宋郑还：对。这家公司是非常宝贵的，它经营的路子正是"好孩子"今后在全球品牌经营发展所需要的能力。我们不仅仅是为了有一个品牌的名字，更关键的是其背后的品牌经营，尤其是高端品牌的经营能力。所以，当初第一个目标就锁定了它。

苏　勇：因为它的品牌定位和好孩子集团战略高度是匹配的。
宋郑还：对。

苏　勇：谈判艰苦吗？
宋郑还：CYBEX创始人叫马丁Martin，做过福布斯欧洲版的封面人物，是后起之秀。

苏　勇：商界名人。
宋郑还：对。他经营得非常成功，所以很骄傲。我也知道，很多公司都想并购他，有的还是很大的公司，也有很多资金去并购，他都不理不睬。"好孩子"规模不算大，凭什么能并购呢？有一次，我和我的财务总监从洛杉矶到纽约，在飞机上偶然遇到了马丁。

苏　勇：您以前认识他吗？
宋郑还：是老朋友，但以前没有和他提过（并购）。这次飞机上的偶遇，虽然我的英文不好，但还是和他说清楚了一个概念——我们不是简单的并购,而是一条产业链的结合,你有了"好孩子",就补上了很多缺的东西,包括后端制造、研发、标准等,有了我们,供应链就全有了。我让他想一想,如果今天"好孩子"是你的或者你放在"好孩子"这个平台上,会发生什么。

苏　勇:强强联合。

宋郑还:对,将会改变世界。并购之前,它们都是欧洲的品牌、美国的品牌,在外面做设计、研发,再跑到中国加工,中国工厂为他们服务,是这样的一种粗放经营的模式。像我们之前和Dorel公司(COSCO母公司)是OPM模式,很紧密,但也有"防火墙",他担心我,我担心他。我们和消费者隔着两道墙,其中一道是隔着商店,端到端没有打通。假如两家公司合在一起,就实现了资源全球配置,我们有的它没有,它有的我们没有,几乎没有重叠。

和其他品牌相比,CYBEX为什么能够成为一匹黑马杀出来呢?因为它的经营战略,它的基因是不一样的,它是靠创新,靠品质,又是艺术和技术的结合。

苏　勇:走的不是寻常路。

宋郑还:是跨界。它后面的智囊全是时尚界的,还有那些奢侈品品牌的朋友在帮它出主意,找资源。做品牌就是要做这样的品牌。

苏　勇:你们寻找的也是这样的合作伙伴。

宋郑还:没错。其实,Evenflo是我们先锁定的对象,但不能第一步先做它,第一步一定要做CYBEX,因为这是一面"旗帜",真正形成了一个价值链的闭环,很重要。后来,我们发现这个想法是非常对的。

苏　勇:所以,它能够在短短的一年时间内就实现了销售额88%的增长,双方实现了优势互补。

改变世界（五）：中国杰出企业家管理思想精粹

宋郑还： 对。我刚刚从德国回来，在那里举行了一个全球行业的展览会，是世界最权威的，所有品牌都来了。

苏　勇： 专门是婴童产品吗？

宋郑还： 对，婴童产品。这个展览会是全球品牌的擂台，我们CYBEX、gb、Evenflo的展位不仅面积最大，规模是别人的好几倍，最主要的是影响力。实际上，这个影响力是五年中集团的经营品牌对行业总体影响的体现。

我们的展厅是一种体验型的商店。以前，展览都是目录式的，像是产品的"大合唱"，通过让利消费者，给经销商打折等方式来订货、卖产品。后来，我们发现不行，我们要选会做商店的经销商。在全世界，我们目前已有80多家旗舰店，发展得很快。这次，我去看了慕尼黑的旗舰店，很漂亮，在当地很有影响力，是网红打卡地，在慕尼黑要买婴儿用品的用户都会到那里看一看。这个店不是我们自己出钱开的，是加盟商开的。我问加盟商老板，你开这个店怎么样，他说没想到会这么好，第三个月就开始盈利，生意非常好。

这次展览会，我们卖出去的是模式。我们的合作伙伴都知道，原来，开店是要真正长期扎根在市场上，真正有能力去连接用户，建立关系，而不仅仅是卖掉产品。交易只是一个开始，只是一个入口，接下来还可以有更多的事情去做。所以，CYBEX在"好孩子"这个平台上可以在这么短的时间里呈现出爆发式的增长。

苏　勇： 您又是怎么让Evenflo走出五年连续亏损的泥潭呢？

宋郑还： Evenflo下滑的最重要原因是因为在PE基金手里转换了三次。他们的方式都是节省，省下营销的钱，还有研发的钱。当时，他们做两亿多美元的生意，全公司只有两个研发人员，没有造血功能，没有创新，吃老本，虽然质量是好的，成本控制也是不错的，但这不是价值的全部。

苏　勇：基金公司也没有心思或者也不擅长经营。
宋郑还：他主要是靠短期收益。

苏　勇：作为一种财务投资。
宋郑还：对。所以，我们第一件事情就是在开发上加大力度。"好孩子"的基因就是研发。他们的汽车安全座椅在美国是领导品牌，销量第一，但产品老化。我们用全集团的力量开发新的美国款式的汽车安全座椅，很快就做出一条黄金线。我们分为白金线、黄金线、银线。

好孩子集团董事局主席宋郑还先生

苏　勇：什么含义？
宋郑还：档次不一样，市场上的价位、品牌定位不一样，消费人群定位也不一样。

苏　勇：最高的是什么？
宋郑还：白金线。

改变世界（五）：中国杰出企业家管理思想精粹

苏　勇：一个汽车安全座椅大概要卖多少钱？

宋郑还：好几千元，甚至上千欧元。然后，我们做产品研发。产品研发一上去，马上就看到希望了。因为你是一个家喻户晓的名品，质量很好，消费者就等着你的好产品，有了好产品，消费者就会支持你。所以，很快就有了通路，首先得到了连锁店的支持。

苏　勇：他们也愿意卖。

宋郑还：对，很快就形成一个效应。"好孩子"之前是隐形冠军，商誉也非常好。我们并购了Evenflo后，连锁店看到我们研发了新产品，首先开始支持，一下子就摘掉了亏损的帽子。

苏　勇：靠研发带动产品的销售？

宋郑还：对，靠研发，然后不断去做消费者的内容营销，包括我们的电子商务、自媒体都慢慢做起来。

苏　勇：我们派人去这两家公司吗？

宋郑还：一个都没派，没有从中国派员工去主持那边的工作，都是外国的员工。

苏　勇：您改变了传统的做法。有些中国公司说我是老板，我并购你，把你拿过来，要全部彻底接管，结果往往使新接管的公司运行不良，因为很难融合到一起。从管理学上也好，从经营实践也好，大家都在反思，接管或者并购一个公司以后，到底什么样的运行模式才是有效的。现在，"好孩子"整个品牌战略是怎么样的？是怎么指挥全世界的品牌运作的？

宋郑还：我们采取的是多品牌、分层次、区域性的全球品牌战略。多品牌是指我们有三大战略品牌。

苏　勇：哪三大？

宋郑还：一个是GoodBaby，一个是CYBEX，一个是Evenflo。其他的几个品牌是属于战术性的。

苏　勇：三大战略品牌是怎么划分定位的？

宋郑还：分层次。CYBEX主要是白金线和黄金线。

苏　勇：最高档？

宋郑还：对。GoodBaby好孩子主要是黄金线。

苏　勇：中端的？

宋郑还：中高端。我们内部把市场像金字塔一样分成6层，有最高端，然后是高端、中高端、中端、中低端、低端。CYBEX站在上面两层，最高端和高端。"GoodBaby好孩子"是从高端开始，中高端和高端这两层，以这个为核心，稍有延伸。Evenflo是以中端为核心，有向中低端延伸，也有向中高端延伸，因为，美国市场包容度比较大。

苏　勇：产品品类都覆盖？

宋郑还：对，我们目前在国际上主要是销售耐用品，也就是婴儿车、汽车安全座椅，还有其他相关用具，都有我们的产品。

苏　勇：我听说，您的产品，尤其是一些高端产品，受到很多国家的政要、好莱坞明星的青睐，这些明星是你们发掘来的，还是他们对"好孩子"品牌有认知或者有朋友推荐体验后主动购买的？

宋郑还：我们做不起这个广告，都是他们自己从市场上获得信息，然后去选择的。我们看到，越来越多的明星、政要用的都是"好孩子"的产品。

改变世界（五）：中国杰出企业家管理思想精粹

苏　勇：当中有什么故事吗？听说你们还找了维密模特？
宋郑还：是这样的，有一个维密超模叫做KK（Karolina Kurkova卡罗莱娜·科库娃，编者注)，她是我们产品的粉丝。她有两个孩子，用了我们产品后很喜欢，喜欢上了我们的设计，也喜欢我们这家公司的经营方式，所以，就和我们联系说，能不能让我们设计一个系列，然后用她的粉丝能量来销售。这是一件好事。

苏　勇：对，这也是现在互联网时代的一个趋势，消费者主动参与到品牌设计以及销售等过程当中。
宋郑还：是。我们原来一直有这个想法，怎么样能够把消费者变成消费商。没想到的是，KK主动提出来做，我们马上派设计力量与她配合，很快就做出一套KK系列，首先在纽约推出。

苏　勇：已经推向市场了？
宋郑还：对，2019年年初就已经开始推向市场，在欧洲也已推出，销售情况非常好。

苏　勇：反响非常好。
宋郑还：对，反响非常好。2019年10月，我们将会在上海由KK带着她的朋友们一起来走秀（已经举办，编者注），秀KK系列。

苏　勇：所以，您的产品从普通的民用产品走上了时尚用品。
宋郑还：是的。美国的Jeremy Scott是我们的设计师，他在美国时尚界非常有名。还有一个叫Marcel Wanders的，是欧洲时尚界非常有名的设计师。现在，我们"好孩子"的平台上已经吸收了70多位欧洲的潮流设计师，他们在这个平台上为有个性化需求的消费者提供服务，我们和他们一起分享（利益）。

88

苏　勇：这非常符合我们现在制造业+互联网的发展趋势？
宋郑还：是的。

苏　勇：作为好孩子集团的掌门人，如果请您从"好孩子"几十年发展历程看中国制造业的发展和转型，有什么启示是可以和我们分享的吗？
宋郑还：我认为，"好孩子"能做的，所有企业都能做。为什么？"好孩子"做的这些产品门槛都不高，无非就是要坚持很多东西。一要坚持创新，我们坚持了30年原发性创新，做世界上没有的东西。你只要坚持，然后投入，一定就会有效果。二要坚持做品质。我们要对孩子负责，品质是我们真正的人格。每一个"好孩子"的员工都知道自己的人格是价值，这就变成了企业文化，这一点，谁都可以做。三要提高技术能力。为了保证产品质量是好的，又是创新的，那肯定要做一件事，就是要提高技术能力，用技术来保障。技术能力提高到一定程度，就可以在行业里拥有发言权，成为标准的制定者。"好孩子"就是建立在这三个基础上一路走过来的。除此之外，只是做好自己还不够，还要连接世界，要让世界的资源为我所用，为我们的消费者所用，连接的资源越多，能量就越大。

"好孩子"这么多年走下来，我有一个体会，就是开放。最初，我们发现自己的品牌不行，就用OPM方式来挂别人的品牌，其实就是和人家连接成一个虚拟组合。后来开始并购，在这个过程当中，我们和世界很多公司开展各种各样的合作。我们还在全世界建新的研发机构。为什么？实际上，一个区域有一个区域的资源，你要连接全球的资源，要有一定的方式。我们在法国巴黎就有一个连接法国资源的机构，不是研发中心，纯粹就是联络处，目的就是连接更多的资源。

苏　勇：把各方面的资源连接组合进来？
宋郑还：对。我们又和马兰戈尼学院（欧洲最著名的设计大学，在意大利，编者注）签订了战略合作协议，共同培育我们所需要的设计师。当然，不光是连接设计资源，还包括制造资源、市场资源都要连接进来。比方说，我们"好孩子"有法国造、德国造、日本造、美国造、墨西哥造。把人才融合进来，再把市场、生产力融合进来，这样，你就是真正意义上的全球经营的公司。我们就是这样做的，老老实实地去做，不回头，想好就去实践它，做到一定程度就会有效果。所以，"好孩子"走的路，中国企业都可以走。

苏　勇： 下一步，"好孩子"的发展有没有考虑多元化经营？

宋郑还： 我们正在进行中。在思路上有四个转型。第一，要从品牌为中心转型成以用户为中心。以前，我们的品牌导向非常强，从企业角度看，我有品牌，就自己做产品，去推销。现在，一定要倒过来，要以用户为中心，想他们所想，急他们所急，解决他们的痛点，然后再去倒逼整个产业链、价值链，进行组合和优化。这是我们第一个转型。

第二，以前我们是经营资产，投资一个工厂就有产能，投资一套模具就有产品；现在，我们发现，一定要有经营能力。主要体现在三方面。一是品牌管理能力。品牌要通过产品表现，怎么去管理它，怎么去连接世界的资源来做好品牌。二是用户关系运营能力，也就是社交能力，这一点非常重要。我们现在感觉到有不足的地方，这是其中一点。

苏　勇： 客户关系管理？

宋郑还： 对，怎么样建立好我们的会员制度，建立好我们的粉丝群，做好用户的社交运营。这些方面我们很薄弱。但是，我们感觉这是未来的一个制高点。三是智能化的商业能力。现在是数据推动商业的时代，今后所有的商业都应该是智能的，所以，这方面能力一定要加强。这是第二个转型。

第三个转型是商务模式。以前，我们是经营一条产业链，耐用品是一条产业链，童装是一条产业链。在未来，我们要转型成为一个平台，要去赋能，为别人成功提供他所需要的资源和能力。刚才举的KK的例子就是其中之一，如果这种例子多了，一个赋能平台的价值就体现出来了。

苏　勇：而且会更加强大。

宋郑还：对。第四，要从现在的物理价值转型成为社会价值。一方面，消费者的需求是无止境的，不断在变；另一方面，这个行业是刚需大行业。但是，我们看到，在全世界，这个行业没有大公司，整合得还不够，效率并不高，所以，这里面有空间，需要我们有志向，为行业发展做出贡献。

这四个转型正好符合"好孩子"创业初期我提出过的口号，叫"关心孩子，服务家庭，回报社会"。现在回过头想一想，关心孩子，是我们现在正在做的产品，但这只是一个开始，一个入口。而服务家庭是满足家庭的需要，每个家庭都是用户，会有各种各样的个性化需求，满足用户需求是我们企业真正发展的方向。最终，企业一定要回报社会，要有社会价值。

苏　勇："好孩子"的行业地位非常高，但似乎它的品牌影响力与行业地位还不够匹配，甚至，很多消费者买完后一开始都不知道这是"好孩子"的产品，这是公司刻意为之，还是在品牌影响力、传播力方面还有提升的空间？

宋郑还：肯定是传播工作做得不足。"好孩子"要说有什么薄弱的地方，这也是一个。"好孩子"多年来一直在耕耘核心能力，在创造自身价值上面下了很大的功夫。其中，传播是非常关键的，是我们需要改进的地方。

苏　勇：现在的中美贸易摩擦对"好孩子"全球化运营有没有影响？

宋郑还： 当然有影响。

苏　勇： 表现在哪些方面？

宋郑还： 加关税是很大的一个方面。简单地说，由于供应链现在很难转移，最终成本会加到美国消费者身上，我们就会面对很大的挑战。首先来找你的是商店，说零售价不能涨。零售价不涨，他的毛利就要降，他一定是希望不能降，那谁降？就我们来降，品牌商、制造商来降，这就是压力。

访谈录项目团队与宋郑还主席（右四）合影

苏　勇： 压缩您的利润空间了。

宋郑还： 对。当然，最终肯定是双方妥协，消费者也要承担加价。但是，短时间来讲，挑战会非常大，还是要依靠我们的老办法。"好孩子" 20多年来一直做国际市场，经历了很多困难，有时候因为各种因素导致成本增加，有时候因为汇率变动造成变化。这些年之所以能够保持健康的发展，最根本的还是我们的核心能力在起作用，要不断创新，要具备不可替代性。

苏　勇：要有话语权。
宋郑还：对。如果你是这样的一个品牌，有这样的价值，就不用太担心，只要做好一些短期经营策略上的处理就可以了。

苏　勇：作为一家全球化的公司，"好孩子"的日常运营是什么样的状态？听说，你们的CEO常驻德国？
宋郑还：对。

苏　勇：CEO常驻德国，而您主要的时间是在中国，整个公司内部的协同机制是怎么样的？是每个礼拜开一次全球性会议，还是怎么样？
宋郑还：现在，集团的机构化管理已经形成了，以前很多事情都是我亲力亲为。四年前，我让马丁担任CEO，就把CEO该做的事情完全交给他了。

苏　勇：没有什么不放心的？
宋郑还：没有，他可以做得更好。当然会有全球会议，但数量不多，因为，我们三个地方是有时差的，开会都很紧凑。在平时，研发机构之间的会议，以及营运、供应链、财务等都会各自运作。我以前经常要跑国外，特别是刚开发美国和欧洲市场的时候，一年有好几个月都在外面，现在不用了，现在出去主要是鼓励大家。

苏　勇：更主要的是发挥精神作用？
宋郑还：对。

苏　勇：所以，整个公司的机制都已经比较顺了？
宋郑还：对。

改变世界（五）：中国杰出企业家管理思想精粹

苏　勇：还有一个问题，现在中国企业走出去，外国企业走进来，在企业管理中，怎么把中国传统文化和西方文化融合？作为一家国际化公司的掌门人，您在这方面有什么体会可以和我们分享？

宋郑还：融合，从大的方面来讲，实际上是战略和系统，小的方面就是一件一件的具体事情。我觉得，我们做对了几件事。一是在战略上的坚定不移。以前，OPM基本上是供应链导向，现在我们在OBM上发力，就是在全球经营自己的品牌，变成市场导向，通过品牌管理来驱动后面所有的资源，这很重要，一定要建起来。二是我们建立了三大母市场，中国人在中国是主场作战，有母国效应，也有政府当地的支持。

苏　勇：文化熟悉，这一点毫无疑问。

宋郑还：对。但到国际上就是客场作战，不是本土作战，就会有水土不服的问题。为此，我们建立了德国的母市场，通过德国，很快就辐射到整个欧洲。美国又是我们的一个母市场，通过美国，很快就辐射到整个美洲。

2018年发生了三件事情很说明问题。第一件事情是我两次被邀请到中南海参加李克强总理的座谈会。

苏　勇：民营企业家座谈会？

宋郑还：对。在德国，我们的CEO马丁作为德国企业家，被德国总理默克尔接见。在美国，"好孩子"美国公司在2018年10月和2019年6月，两次作为美国行业代表去出席听证会，审议总统对中国加关税的问题，这很有意义。

苏　勇：很有象征意义。

宋郑还：是的。现在，这三大母市场正好是全球经济的三大引擎，可以说，它们占领了制高点，接下来覆盖全球的文章还有很多，还需要使不同地区成为当地的主场。这样，我们就真正把我们的资源、战略、生产力实现全球化了。

苏　勇：是否可以这样说，一个中国企业走向国际后，在心理上也好，行为上也好，一定不要把自己认为是一家外国企业，而是要真正融入当地的市场和社会中去？

宋郑还：对，讲到我心里了。我一开始就是这么想的，所以没有派出一兵一卒。我很早就建了海外研发中心，也没有派出一兵一卒。倒是从外面调来一个高管到中国工作，负责管理与投资者的关系，因为我们的融资和法务中心设在中国香港。最近，我们又从德国工业设计团队中抽调了一个主将来做中国的工业设计主管。

苏　勇：像您这样的改革开放初期创业的企业家，现在普遍都碰到二代传承的问题。我知道，您女儿现在已经担任集团的高级副总裁。您对于接班人传承的问题有什么样的考虑？

宋郑还：对，我女儿干得不错。我是2006年把她从美国"挖"回来的。

苏　勇：她当时已经工作了吧？

宋郑还：她在美国大学毕业后进了摩根斯坦利，在那里干得不错，已经有一个独立办公室，底下有好几个人，主要做电子商务。我们在中国的电子商务销售比例已经超过了40%，其中有她的贡献。

苏　勇：是她白手起家，一手打造的？

宋郑还：对。我们现在整个公司已经成为一个机构化的管理公司，所以，很难由子女来做接班人。她今后的发展空间会很大，可以根据自己的志向负责更多的事情，可以做得更好。但是，我没有简单考虑是由哪一个孩子来接班。

苏　勇：不是子承父业或者女承父业？

改变世界（五）：中国杰出企业家管理思想精粹

宋郑还：对。

苏　勇：您说的机构化管理是什么意思？
宋郑还：总体来讲，就是靠组织和系统来管理公司，而不是靠人。

苏　勇：不是说您指定一个接班人就可以的，是吗？
宋郑还：对。实际上，我感觉到，现在的机制还是很好的，我们是全球招人，中层干部执行轮换制度。

苏　勇：中层干部轮换？
宋郑还：对。每一个岗位都有一个接班人培养的制度。

苏　勇：所以，形成了这样一套机制，而不是靠简单的人治？
宋郑还：对。

好孩子集团宋郑还主席（右）陪同苏勇教授参观

苏　勇： 我们知道，"好孩子国际"在2010年上市，后来可能是由于外部环境的原因，也可能是公司本身的一些状况，股价有所波动。我们在资本市场上有什么样的考虑？有没有想过回A股上市？

宋郑还： 目前没有这样的计划。其实，我们已经不看股价了，包括我们的高管，他们的期权也都不兑现，之前股价好的时候，完全是可以变现的，但都不兑现。

苏　勇： 是主动不去变现？

宋郑还： 对。什么原因呢？大家都看到，"好孩子"现在只是刚刚开始。我们上市的时候是OPM企业，市场上叫OEM，就是一个制造业做外销。这几年发生了翻天覆地的变化，这里面的变化只有我们清楚。首先，是一个质的变化，从OPM、OEM，变成OBM，实现了华丽转身。但其中也有风险，2014年，我们就冒了很大的风险，并购之后，我们自己做品牌，以前做贴牌生意的伙伴都害怕，成了他们的竞争对手了，所以一定会离开，每一个公司都要做对自己有利的事情。当时，订单大幅下降。半年内并购两家跨了两个大洲的公司，我们没有过这样的经历和经验，怎么去整合？以前，我们整个设施都是按照供应链驱动的OPM模式来运作，现在变成自己的品牌驱动，整个系统都不顺。

苏　勇： 是一个很大的变化。

宋郑还： 所以，这样一来，资本市场在看，会很担心。

苏　勇： 担心很正常。

宋郑还： 资本市场就是单纯从数字上来看。数字上，这个过程肯定是消耗成本、消耗资源的一个过程。以前是靠供应链驱动，盘子很大，现在只生产自己的产品，但盘子还在，就会有折旧，成本不会低，需要有一个过程来消化。

苏　勇：是一个阶段性的表现。

宋郑还：对。从现阶段财务表现来讲，有一个现象很明显，就是那些大的投资机构一个都没有动，没有离场，他们明白我的战略，明白这个过程。内部员工也都很有信心。其实，股价是受到各种因素影响的，资本市场对我们实际的财务表现不满意、不理想，没有达到期望值。

苏　勇：报表上不好看。

宋郑还：不好看，所以就出现股价跳水。当然，也有市场原因。企业的资本价值只是在交易时的一个市值，比如，你要去并购，要发债，要做资本运作的时候，市值对你就会有点影响。

苏　勇：市值高的时候，整个商誉就高了。

宋郑还：对。这是当前我们的一个实际困难，所以，现在不宜去做并购。但是，本质还是要看企业的真正价值，和企业持续发展的价值能力。在这一点上我们很清楚或者说那些大股东对我们了解比较深，相信我们会越来越好。我们现在只是刚刚开始，感觉什么地方都是空间，比方说，我们讲全球化，全球化空间太大了。一方面，最主要是做欧美、中国，还有太多的地方要去做，举一个例子，去年并购的日本的一家营销公司，使我们在日本的销售就翻了一番还多。

苏　勇：那么明显？

宋郑还：2019年继续增长。像这样的地区和国家多的是，全球化的空间很大。第二是品牌延伸的空间，在中国，GoodBaby品牌基本上是全品类经营，除了吃的不做，其他都在做。

苏　勇：和婴幼儿有关的都在做。

宋郑还：对，而且发展的都挺好，大家都知道，护理用品、童装等，隔行如隔山，但这些品类发展得都很快。什么原因？肯定是品牌延伸的能量。

苏　勇：对。

宋郑还：如果这样想的话，那CYBEX有没有？Evenflo有没有？都有。所以，我们在品类的发展上空间巨大。第三，我们从卖产品到卖品牌再到卖模式，CYBEX已经在全世界发展了那么多的加盟店。线上线下经营，"好孩子"做得更深入，在中国，我们实施BOOM战略，B是品牌，两个O是线上线下，M就是会员，这四样东西连在一起，融为一体，经营模式一定会爆发。"好孩子"在中国现在线上店和线下店的情况是，凡是线下做得好的，线上发展得也很好，今后，BOOM模式是走得通的。所以说，我们的空间太大了，现在只是刚刚开始。

前几天，我们开了一个关于制造业的战略会。我们的制造业在中国主要是在昆山、宁波，以及河北。现在发现，制造业的改善空间大得不得了。现在，我们有一个巨大的计划，包括两个方面，一是技术，包括数字化；另一个是在管理上，推行更加高效的管理方法，这个空间巨大无比。所以，现在环境对我们来讲虽然逼得是很紧，但这是好事，可以让我们走出舒适区。以前，我们一直蛮好过的，要走出舒适区拼一拼。这可能也是中国企业的一个现象，进步是逼出来的，像习近平总书记提到的创新，中国制造向中国创造转变，中国速度向中国质量转变，中国产品向中国品牌转变，一定会走出新的格局出来。从"好孩子"这里，至少我们现在思路还很多。从本质上来讲，最终的价值一定会体现出来。

苏　勇：资本市场上短期的波动并不一定反映企业真实的状况吗？
宋郑还：对。

苏　勇：企业也不会受它的影响，我们认定目标以后可以坚定地去做吗？

宋郑还：没错。

苏　勇：宋总，现在很多企业都提出平台化战略，随着年轻消费者逐渐成为主力，年轻的爸爸妈妈们成为您的主要消费者。你们在产品或者市场方面，乃至组织策略方面，怎么更加地平台化、个性化，"好孩子"有什么考虑？

宋郑还：举个例子，我们现在有一个设计师平台，这上面有大学老师、有独立的设计师在工作，他们就是针对不同的社群、消费者的个性化需求来专门进行创作。然后，由我们的制造、质量管理、供应链管理和标准管理来赋能，实现对消费者的产品服务。

苏　勇：是一种相互赋能的过程吗？

宋郑还：是的。我们从维密超模KK的例子中得到启发，现在干脆铺开来做，慢慢把以前研发、设计、制造、供应链、标准作为平台资源、平台赋能来提供。另外，比如说通路，我们线上线下的销售通路、会员体系，为这些商品和服务提供一个通道。

苏　勇：也是提供了一种支持吗？

宋郑还：对。还有一个就是品牌，因为未来的竞争是信任的竞争，品牌就是信任的资源，我们可以提供给创业者。现在，"好孩子"很多创业团队都是刚刚从学校毕业出来的青年人，他们可以把高科技产品变为商品，但不知道怎么去卖，也不知道消费者是需要还是不需要，价格策略怎么定等，我们都可以赋能。你给人家赋能，在别人成功当中获得自己的成功，这就是平台。

苏　勇：公司会主动花时间去找设计师或者创业团队，还是他们来找您呢？

宋郑还：都有。现在，公司已经把这项工作作为战略。刚才我提到的四个转变里，其中一个就是从以前经营产业链，现在转为经营平台，把以前建立起来的资源平台化、赋能化，让别人去获得成功。所以，我们是刻意为之。

苏　勇：主动的战略安排吗？
宋郑还：对。

苏　勇：您刚才讲的很重要，资本市场有些是短暂的看报表，只要报表或者财务指标不怎么样，就觉得这个公司出了问题，实际上，他们没有做深度研究，去发掘公司内在的真正的价值。
宋郑还：我实事求是地讲，我们还没有做到很好。没有表现出来就说明是有问题的，还没有真正把自己的动能完全转过来。这需要时间，但是，当我们转过来的那一刻，那就不再是原来的"好孩子"。

苏　勇：那就是爆发性的增长。
宋郑还：是指数性的增长。

苏　勇：这是一个蛮大的过程，原来是把供应链组合起来，把产品做出来，现在等于是前端拉动后端，整个公司观念、流程也好，架构也好，都是一个很大的改变。
宋郑还：是的。

苏　勇：谢谢您接受访谈！
宋郑还：谢谢！

【专家点评】

宋郑还：自我颠覆者

张春依
复旦大学管理学院案例研究员

昆山市菉溪路20号，是如今的"好孩子"国际总部，也是昔日陆家中学校办厂所在地，白墙红顶的大门矗立了30年。30年前，副校长宋郑还接手校办厂时，除了债务，一无所有，没有产品，没有技术，没有人才，没有市场。宋郑还家里世代行医，母亲对他说过的一句话影响他一生："做人要靠24根肋骨和10根手指。"不管处境多么艰难，事在人为。宋郑还是数学老师，不仅课上得好，还喜欢钻研，他盯着婴儿车这个产品研究，寻找到技术改进的突破点，申请了双功能车专利。因资金短缺，没有生产线，只能把这个专利卖给上海的企业，换来"第一桶金"。宋郑还用这笔钱做的第一件事情是盖厂门，"事情都是人做，人是要有精神的"。宋郑还希望这扇在国道线上颇为气派的大门，可以提振职工们脱贫致富的信心，点燃共同创业的希望。宋郑还继续带领大家夜以继日地搞研发，婴儿车的产品性能从双功能又改进到四功能，这一次，校办厂准备好了投产，"好孩子（Goodbaby）"这个企业品牌也在校办厂贫瘠的土壤上萌芽了。

坚持技术驱动的价值观

在好孩子的创业历程中，宋郑还坚定地走"原发性技术创新"的道路，他个人的专利总数达到了1000多项，"好孩子"的专利总数已经超过10000项。走技术道路最难的不是技术本身，相反，对于宋郑还

宋郑还——自我颠覆者

这样的"技术控"而言,在技术问题上自我颠覆,是一种乐趣。而挑战在于30年如一日地坚持。面对投资人对研发成本居高不下的疑问,宋郑还说:"对不起,谁说都没用,我一定要坚持,这就是我的理念。"随着"技术进步之于国家发展"问题研究的深入,学界逐渐形成一个重要的认识:经济发展的实质不是一个简单提高资本积累率的过程,而是一个获得技术能力并在技术不断变化的条件下,把这些能力转化为产品和工艺创新的过程。[①]宋郑还掌舵的"好孩子"在儿童耐用消费品领域走出了一条"技工贸"的发展道路。

如今的"好孩子"已经不满足于做婴儿车和儿童安全座椅的全球销售冠军,而是正在布局未来,即集研发、生产、销售和服务为一体,用数据打通产业互联网和消费互联网,做孕婴童生态圈的组织者。不管商业模式如何变化,宋郑还坚持"'好孩子'的价值必须回归到技术驱动。"在"好孩子"的员工大会上,宋郑还依旧是当年那位数学教师,喜欢分享他对行业的洞察,对"好孩子"战略的思考,他不仅讲怎么做,更愿意花一两个小时谈为什么要这么做。宋郑还要求管理者了解行业专业技术、互联网技术、数字技术和智能技术,并在业务战略统领下整合协同,在技术上将"好孩子"棉纺品、婴儿车、汽车座的智能应用加以穿透。

技术日新月异,科技含量越来越高,宋郑还指导企业技术创新的路径,已经不可能事必躬亲,组织学习和资源链接就显得尤为重要。宋郑还特别欣赏龙永图的一句话:"中国进入WTO叫作参与而不是融入,融入会消失自己,中国只有用自身价值参与全球化体系中,才能获得更多价值"。借鉴龙永图对中国加入WTO的定义,宋郑还对"好孩子"的发展路径提出了自己的定义:做好自己,连接世界。他多次组织"好孩子"高管向华为取经,他的专家型助理分布在美国、加拿大和欧洲各国的业界、学术界,宋郑还邀请中国工程院院士谭建荣建

[①] 路风. 走向自主创新——寻求中国力量的源泉[M]. 北京:中国人民大学出版社,2019.

立"好孩子"工作站，聚焦AI、5G、物联网等前沿科技在儿童生活领域的应用。"新的商业模式要靠合作，狭隘地靠自己慢慢滚雪球慢慢滚大，这是过去我们要做的事，今天要做的就是做好自己，连接世界，一定要走这条路，可以做得更快。"

"走出去引进来"的品牌观

即便是在"好孩子"一穷二白的时候，宋郑还都有一个信念："我是第一，因为我可以是第一。"他把这个信念传递给员工，说实话当时大家并没有太在意。没有想到的是，"好孩子"仅用了4年就做成了中国童车销量第一。在拓展海外市场的过程中，宋郑还逐渐形成自己的品牌观，即"不是世界名牌，就不是中国名牌"，"好孩子"品牌必须走出去。1996年，宋郑还发明"爸爸摇、妈妈摇"秋千式婴儿车。他用这款产品吸引了美国的零售商，但名不见经传的"好孩子"品牌根本不可能被美国消费者认知。为此，宋郑还开创了以"好孩子"负责研发和制造，合作伙伴负责渠道的"OPM"模式，带着gb和零售品牌商双标签的产品最终打开了美国市场。3年后，"好孩子"童车在美国的市场占有率达到34%，成为销售冠军。宋郑还又把这个模式复制到欧洲，成为欧洲的销售冠军。

2010年"好孩子国际"在中国香港上市；2014年"好孩子"先后收购美国百年儿童用品企业Evenflo和德国高端儿童品牌CYBEX，这两起跨国并购更多地考虑了资源和能力上的互补性。Evenflo有品牌、有市场、有制造，缺的是产品研发和创新能力，缺的是更有增长性的全球市场，"好孩子"恰好能补足；CYBEX有品牌有设计，并打开了欧洲的小众高端市场，缺的是品类的多样化，市场的延展性，以及更高效的供应链，"好孩子"恰好能补足。

完成收购后，"好孩子"建立起覆盖高、中、低三个市场定位和渠道的自主品牌体系，包括战略品牌gb好孩子、CYBEX、Evenflo、

ROLLPLAY，以及战术品牌happy dino、CBX、Urbini等。宋郑还通过"借力"建立起品牌金字塔，除了对应全球不同的市场需求之外，提升gb品牌的国际竞争力也是一个重要战略目标。国际品牌的加入在多大程度上或者以什么路径助力原生自主品牌的成长，是宋郑还正在攻克的管理挑战。

分享共赢的平台思维

如果说成为第一是"好孩子"跑赢经济大盘的姿态，那么在互联网时代，以"分享共赢"的方式整合社会资源，做行业的路由器，打通工业互联网和消费互联网，实现C2M，则是宋郑还选择的赛道。宋郑还需要再一次颠覆自我："成功经验不是金科玉律，今天的核心能力很可能成为我们前进的陷阱。""好孩子"需要重新审视自己的供应链能力、O2O经销能力、研发设计能力，探索面向未来竞争的发展动力。

整合社会资源做一个平台型的公司，宋郑还认为机会和挑战都存在于能否实现5个自我颠覆：企业的思维方式，特别是颠覆传统的逆向思维能力；基于分享经济、社群经济的以用户为中心的供应链模式；全球化拓展，做世界第一的品牌信仰；技术驱动，将科技注入品牌基因的能力；建设共生型组织，互为主体性，整体多利性，柔韧灵活性和效率协同。

环顾全球，孕婴童是个大产业，却鲜有千亿级的大企业，"好孩子"的平台思维能否打破增长的天花板呢？宋郑还喜欢作家阿尔贝·加缪的一句话："对未来的最大慷慨，是把一切献给现在。"这也是熊彼特在《经济发展理论》一书中提到的，企业家的奉献唯有意志和行动。

张天任
蓄能而发

主 持 人：苏　勇　复旦大学管理学院教授、博士生导师
　　　　　　　　　复旦大学东方管理研究院院长
访谈对象：张天任　天能电池集团股份有限公司董事局主席
访谈时间：2019年10月10日
访谈地点：天能集团总部

苏　勇：各位观众，大家好！今天，我们"改变世界——中国杰出企业家管理思想访谈录"项目组来到位于浙江长兴的天能电池集团股份有限公司（以下简称天能集团），访谈集团董事局主席张天任。张主席，您好！

张天任：您好！

苏　勇：非常高兴您接受我们的采访。从当年您创业说起，我们知

张天任——蓄能而发

道，当时，您有非常大的勇气，借了钱去承包一个已经亏损的小电池厂，那是在哪一年？您怎么会有这么大的勇气去做这么一件事情？请先给我们简单介绍一下。

张天任： 好的，这个话题应该从当时的时代背景谈起。这个企业创办于1986年，当时创办的目的是因为改革开放后，农村劳动生产力有大量剩余，为了安顿这些劳动力，就建了乡办、村办企业。所谓村办企业，就是由于村里资金比较少，就让村民集资办企业或者再向银行借一点钱。当时，我们这个企业总投资是8万元，其实只投了6万元，盖了五六间平房，就这样开始干起来。这个企业处于江苏、浙江、安徽三省的交界地，是一个闭塞的山区。浙江省一个大型的煤矿叫长广煤矿就在这里，它需要用矿灯。国有企业有这个技术，它的人才为村办企业的创建奠定了一定的基础。当时，国有企业的老厂长看着村里人比较淳朴，经济也比较贫困，他说，到退休的时候，帮你们建一个村办的小工厂，帮你们脱贫致富，让你们有活干，当时就是出于这样的目的才创办的企业。

苏勇教授访谈张天任主席（右）

改变世界（五）：中国杰出企业家管理思想精粹

苏　勇：您怎么会自己出钱承包呢？当时，这个厂的前景还很不明朗，而且亏损。您怎么会冒着这么大的风险来做？有没有想过万一亏掉，企业最后倒闭了，怎么还钱？

张天任：当时的思想斗争确实是非常激烈的。就如你所说的，因为当时企业没有技术、没有资金、没有市场，刚才提到的国有企业的老厂长说帮助我们建厂，但后来老厂长生病了，身体不行了，就把他投的1万元返了回去，他回家了。那么，我们就没有了技术，也没有了资金，企业也就没有了订单，慢慢就停产了。停产以后，企业里的草长得和人一样高，在这样的情况下，因为是集资办的企业，欠了老百姓的钱，当时，老百姓交钱是想上班，但是你连上班的机会都不能给了，老百姓得问你要钱啊。村干部就头痛了。另外，办企业还借了银行两万元，金额也算比较大了，银行说钱到期了，为什么还不出来呢？就是在这样的状况下，村委会还是比较明智的，采取了一种类似于现在招标的形式，说，谁拿出的钱多，这个企业就让谁去经营。当然，还要看人的素质怎么样，这也是要考虑的。

　　在这样的情况下，村里贴了一个公告，说，企业由于经营不善，要转制，进行招标，谁来承包租赁经营。我知道后就去报了名，但是，报名是要交钱的，当时，一共有五个人报名，其中一个是最有意向的，他愿意每一年拿出1万元交给村委会，然后把厂子租下来经营。我和他的想法有点不一样，我认为，这个企业是搞电池的，就是和能源有关，实际上，电池就是一个能源的储存。当时是1988年年底，国家正处于三大困难期，包括能源危机。那么，电池属于能源，是可以解决能源的短缺问题。我认为这个市场应该是好的，实际上就是管理和战略定位的问题。但是，当时我没有钱，怎么办呢？我就凭我的全身招数，把所有的亲戚朋友和社会资源整合了以后，借到了5000元，再加上自己的12000元，一共有17000多元。

苏　勇：能借到多少钱，就愿意拿多少钱来抵押上交，来租赁承包这个企业，您是志在必得。

张天任：对，当时我想，如果我能借到3万元，就出3万元。

苏　勇：从资料上看，您在租赁这个企业后，第二年就打了一个很漂亮的翻身仗，销售额就上升到了80多万元。

张天任：是的，企业开始盈利了，再下一年就上升到了200多万元。

苏　勇：您是用什么方法妙手回春的？使得一家原来草长得那么高的、很不景气的企业，会在短短的时间内打一个翻身仗？

张天任：其实，当时的市场是好的，像我们这种电池产品的市场需求还是有的。问题是你能不能精准地找到市场的需求点，这是第一个问题。第二，我认为，还是个技术问题，你要把自己的产品质量做好。第三，管理的问题。第四，资金的问题。第五，团队建设。所以，在这样的情况下，我首先组建了团队。

苏　勇：您觉得团队是最重要的？

张天任：对，我认为，既然基础发展条件都是存在的，人就是决定因素。所以，我先组建团队，方向明确后就靠团队了。当时，一共有六个人组建了核心团队，有负责技术的，有负责销售的，有负责财务的，还有负责内部管理生产的。

苏　勇：都是原来厂里的职工吗，还是从外面招来的？

张天任：有两个是原来厂里的，三个是我带进来的，就这样，我们组建了一个核心管理团队。首先，我们瞄准了上海市场，当时的上海浦东还没有发展到现在这个样子，还是比较落后的，特别是靠东边的区域。我们先后找到了七家合作的企业，他们的市场需求就远远超过了我的生产能力，所以，生产一下子就好起来了，加上我们内部的技术改进，以及生产管理成本的降低，企业马上就好转起来。第一年，我

改变世界（五）：中国杰出企业家管理思想精粹

们做了20万元的销售收入，但还是亏损，后来做到了88万元，翻了四倍，就赢利了，利润还不低。第三年做到200多万元，又是成倍增长。这几个基本的问题解决后，方向确定好，团队建立好，运作就比较顺了，开始了良性循环。

苏　勇：当时，企业生产的是哪一种类型的电池，还是说同时生产好几种类型？

张天任：是单一的、最简单的产品，就是矿灯和灯具里面的、小的极板，是一种装在矿灯里面应急照明电源。

苏　勇：是哪一年开始做电池的呢？

张天任：真正做电池是到了1998年。从1988年到1998年，十年磨一剑，就是做半成品。后来，我把半成品做到了极致，当时，很多外资企业都来采购我的那个半成品。再后来，我们开始做摩托车电池。摩托车电池有照明型的，也有启动型的，就是原来是脚踏启动的，改为电启动，电启动要求高。我把这个极片做到了极致，这个极片一加进去，电池爆发力很强。当时还不叫天能，叫长兴蓄电池厂，因为产品很好，外资企业来采购，国有大型企业也来采购。

随着国有企业体制改革，很多城市因为污染问题开始实施禁摩政策。摩托车的产量大幅减少，我们又面临着转型，原来生产的电池极片需求没那么多了，而且要求也高了，不能满足我当时的生产规模，出现了企业的第一次转型。

苏　勇：从做摩托车电池转型做动力电池，那是在哪一年？

张天任：是1998年，外部市场环境和终端市场环境都发生变化，我们决定要转型。

苏　勇：是随着形势的变化而变化。

张天任： 当时我们想，为什么要禁止摩托车呢？说有噪音，骑行不安全，缺乏环保。好，那我们就做一个环保型、安全型的产品。当时，我们做了大约一年的市场调研，认为，在未来，电动自行车可能是传统自行车和摩托车最好的一个替代交通工具，我们的战略上就是这样的。中国有5亿多辆自行车，随着老百姓对美好生活的向往，骑自行车又累，那能不能用一个有电的，坐在上面就能开的车来代替呢？这就产生了替换自行车的需求，称为交通工具升级。国家禁摩后，摩托车数量减少，老百姓换成电动车，安全、不冒烟、环保。

苏　勇： 也是符合了国家的政策需求。

张天任： 这样一来，我们从这里作为切入点，生产安全环保的交通工具用的动力电池。但是，要做动力电池，我们缺技术、缺装备，还要去调研市场，争取相关部门的支持。最关键的是，我们内部要统一思想。

苏　勇： 还有人不理解？

张天任： 是的，当时，我也做过汽车电池的极片，还是一个传统产品，当时的汽车电池产品里有含气量。

苏　勇： 含气量是什么？

张天任： 在使用过程中会冒气，有酸味，现在讲起来就是不环保的，肯定不符合要求，不能做。就选择做动力电池，叫小型密闭型的阀控式电池。

苏　勇： 那是什么意思？

张天任： 就是封闭掉了。封闭掉以后，电池在制造和使用过程当中是环保的、不冒气，是安全的，也没有电解液流出来。电解液到哪里去了呢？它中间有一层膜会吸附电解液，没有渗漏。这个技术最早是从日本引进的，我们国家进行了优化，但没有全力推广，我们针对当时

改变世界（五）：中国杰出企业家管理思想精粹

国家政策对环保交通工具的要求，把它当成一个课题研究好。

苏　勇：在研究过程中有故事可以讲讲吗？

张天任：当时，日本有一家在中国的知名企业已经涉猎了这个领域，做的电池可以用在电动机上，也可以用在电动车上，但是，它不是动力电池，和我讲的小型密闭式阀控电池差不多，但里面的配方不是用于动力的，用了两次就觉得不行。20世纪90年代初期，电动自行车在中国火了起来，但是，因为电池质量不过关，这个行业就走下坡路了。后来，到了1996年，这个行业又起来了一次，但最后还是因为电池问题，关键是没有企业可以解决关键零部件问题。

　　到了1998年，我们发现这个问题，思考后我们认为，如果我们解决了电池问题，产业不就起来了吗？我们就开始在国内外找专家、找资料，先解决人才和技术问题，经过一年多的研发，1999年，我们终于研发出来。当时，全国电动自行车里程赛在广西桂林召开，我们就去争取让大赛用我们的产品作为比赛的专用电池。

　　作为里程赛，就是电动车装上电池后开始跑，比谁的续航里程长。当时的电池是跑20千米充一次电，也就是说，一次的续航里程是20千米，电池的使用寿命是三个月，三个月后要换电池了。我们要做成一个续航里程超过20千米的，寿命又尽量延长，拿到桂林去比赛，一下子跑到了60千米以上，最多的跑到了80千米。但是，当时整个行业，无论是电动车行业，还是电池行业，专家们都表示质疑说，这么小的电池，怎么能充一次电跑七八十千米？后来，我说你们把电池拿回去，每一家企业送两套，你们到实验室做测试。

苏　勇：您不怕被人家把技术偷学去？

张天任：不会，我给的是成品。1999年11月27日比赛结束，到了2000年的6月，我们企业就来了很多订单。为什么？他们在车上用了6个月后，发现电池和新的一模一样，还能跑60千米。原来的电池都只有三个月的寿命，现在用到六个月，原来的只能跑20千米，现在可以跑60千米以上。就这样，订单一下子就来了。

苏　勇：用产品质量说话，打开了市场。

张天任：是的。我认为，一是要对市场有敏锐的洞察力，二是要瞄准国家政策的走势，国家希望的是安全、清洁、便利、环保的交通工具，老百姓也是欢迎的，所以，我们针对市场需求，以客户为中心，以市场为导向，提高技术水平，做成了这个产品，市场也就起来了，还带动了中国电动自行车产业的高速发展，因为电动车电池的技术难点已经被突破了。其实，在2004年之前，国家对二轮车加上电动装置是否不符合当时的交通道路安全条例还没有定义。后来，国家看到，这么多消费者喜欢这个产品，马上出台了新的道路交通安全法，明确规定，电动自行车属于非机动车，可以由各省制定管理办法。这样一来，政策上又给了一个新的发展空间，市场就更大了。我记得，当时的电池企业一下子就出现了两三千个，电动自行车产业蓬勃发展起来，成为改革开放后很多中小城市和农村，以及乡镇企业人员上、下班最好的一个交通工具。

苏　勇：我们知道，天能集团现在在动力电池方面已经做到了全世界第一。2014年，天能集团又实施了一次转型。通常，人们提到电池，尤其是这种蓄电池，总觉得是高污染、高耗能的制造行业。2014年开始，天能集团开始关注绿色生产、智能制造，当年的大投入还对公司的盈利产生了一定的影响。当时，您是怎么做出这样一种超前考虑的？如果说，前一次的转型是因为市场的倒逼，那这一次是您主动决策，还是说也是外界环境的倒逼？

张天任：说到电池，确实是有话题的。以前的电池含有毒害元素，从制造到处理，整个过程都有污染的风险。但是，电池又是生产、生活必不可少的消费品，既然存在这样的问题，又是必需品，如何

改变世界（五）：中国杰出企业家管理思想精粹

解决呢？

我前面讲到，当这个产业无序发展的时候，污染的风险肯定会加大。浙江长兴县是中国动力电池之都，2004年之前，只是这样一个只有62万人口的县，就有200多家电池厂，后来，政府在2003年到2004年期间觉察到了环保问题，采取了多种手段和政策进行整治，关停一批，淘汰一批，升级一批，原来有牌照的有175家，只剩到61家。到2011年，国家九部委对这个行业又进行了整治和提升。

我们根据国家和市场的要求进行了技术装备的升级和落后产能的淘汰，这是一个博弈的过程，董事会内部也有争议，有人提出，企业挣到的钱是拿出来买设备改造，还是把钱拿回家去？后来，我们统一了思想，既然企业已经做到这样的规模，一定要进行转型升级，淘汰落后产能。但是，新装备上马不是那么快的，不是现成的，有的还要个性化定制。所以说，从2012年决定正式实施转型，一直到2014年，新的设备产能还没有发挥出来，老的已经被淘汰了。

苏　勇：出现了青黄不接。
张天任：是的。从1988开始，企业每一年的盈利都创新高。企业在转型过程当中产生出思想的碰撞，十字路口到底怎么走，企业走了下坡路。我们称之为阵痛期，就是2013年，利润急剧下降，最高的时候下降了80%。

苏　勇：那么厉害。
张天任：到2014年甚至出现了亏损，这是一个低谷期。

张天任——蓄能而发

天能集团董事局主席张天任

苏　勇：内部有没有怨言？

张天任：怨言很多。有人说，我们原来做得好好的，利润也很好，现在要转型，要创新，淘汰落后产能。这么多设备都被淘汰，造成这么大的损失，新技术还没有得到市场认可，更没有形成规模。那时候，我还招了很多科技人才搞研发，做新的环保产品。这个过程是很痛苦的，压力很大。当时，我们就组织人员到外面去学习，去海尔，去浙江大学，又到华为，学人家是怎样创新的，怎样去管理人力资源，怎样去培养人才的，战略是怎么定的，我们学到了很多，包括企业要信息化。通过2014年的一个大转折后，2015年，新的产品投放市场后效果非常好，当年就实现了扭亏为盈，而且，盈利幅度较大，整个团队的士气就上来了。

苏　勇：所以说，这是一个非常重要的转折点，我们找出了一条天能自己的转型之路。现在回过头来看，包括所经受的阵痛，是一种为继续发展付出的代价。

张天任：回过头来看，还是非常值得的。

苏　勇：张主席，我们知道，天能集团现在在智能制造方面也有很多高招，能不能给我们介绍一下？

张天任：首先，我感觉到，一个企业要走高质量、可持续发展之路，智能制造是一个重要的保障。对企业来说，从手工到半自动，再到自动化，后来又是自动化加数据加信息化。企业发展到现在，规模做大以后，要根据新的市场需求，找准企业未来的路。

我们从2014年内部进行机制体制改革，实施自动化设备加信息化，取得了比较好的成果，尝到了第一口甜水。现在，企业又进入了一个新的状态，要参与到国际竞争中去，那么，我们的核心竞争力在哪里？我们不能再在粗放型再到规模型的战略里徘徊，要向质量效益型发展。

所以，我认为，智能制造不能简单地认为就是自动化装备加数据收集，而是企业系统性管理手段的提升，要把企业整个供应链体系完善和打通，这是我们想要做的，也就是集成效应。

苏　勇：有什么样的例子可以给我们举一个吗？

张天任：比如说，我们现在智能制造没有只在制造端，也不是在某一块，而是到全过程，包括销售、人力资源、研发等，全部放在同一个系统板块里来做。

我们现在正在打造智能制造的基础，要解决几个根本问题：首先，传统企业能不能去做智能制造，传统企业能否做成平台型企业？

举个例子，原来，我们给销售下达总任务，区域销售老总们再给下面的经理下任务，经理再下到基层销售，层层指标下来。现在，我们通过智能制造，形成倒逼单，掌握产品库存，包括资金流向、售后服务等一系列数据。原来是把任务压下去，每个月完成就行了，现在不是，现在要细化到每一个产品到哪里去了，这个产品从生产开始，打上了"ID"（产品号码，编者注），把整个生产过程当中的每一个环节的所有问题都录入数据，一直到用户用完产品，回收到公司，等于说，每块电池有个终身"ID"。这有什么好处呢？整个制造过程中就实现了有章可循，问题点出在哪里，全部可以找到，发现不合格就马上退出，出去的产品就可以保证合格。

更关键的是，我们要打造资源循环综合利用，二次污染的防治也是我们的责任。我们根据录入的产品信息，比如说，产品是什么时候做的，是什么时候收回来的，当时的工艺材料是什么样子的，都可以在平台上分析，每个产品都可追溯，实现了互联互通。

苏　勇：您刚才讲的对我很有启发。我们讲智能制造、工业互联网，不仅仅是限于车间里弄点先进设备，数据集成一下，而是整个产业链通过互联网都渗透进去，包括改变人的观念。

张天任：实际上还有一点，就是要通过数据互联后分析，并进行优化和改造，反过来对企业经营也很有帮助，可以了解到产品的最终去向、使用期限、消费者反应等。我认为，这是当前制造业，特别是我们这个行业进行转型升级、高质量发展的重要路径。现在做企业，要结合自身发展的实际情况，真正深刻领会国家提出的高质量发展的内涵，落实到企业生产经营管理和发展战略定位上去。

苏　勇：您刚才提到了回收的问题，广大消费者和老百姓都很关心，包括电池在内，我们产品的循环再利用有什么样的举措？

张天任：老百姓对电池有很多误会。比如说，电动车电池的使用寿命

改变世界（五）：中国杰出企业家管理思想精粹

一般是一年半左右，那一年半之后该如何回收和处理呢？有几个，一是生态化设计，也就是把电池当中的有毒、有害物质排出去，对一些生产工艺进行大幅改进。这很重要，比如说，我们原来生产电池要用大量的水，还要用手工焊接，就会冒烟，水里就会产生重金属。现在不用水了，水是加在电池里的，封闭掉了，作为一种配料，没有流出来。这个生产过程在国外早就实现了；在国内，这两年也都实现了。

苏　勇： 电池使用完，回收运输到加工再利用的过程中会有二次污染的风险。怎么办呢？

张天任： 前面讲过，通过智能制造，我们给电池装上了"身份证"，使用后，我们随时可以收回来，收回来后就进入系统，这个电池的生命周期结束了，就没有了二次污染风险。但是，在电池的拆解过程中的二次污染风险还是很高的。现在，国家也很重视这件事情，要有技术，要有新的装备，要可以在封闭的状态下实现变废为宝。我们现在在全国有几十万个经销门店，新电池给你，旧电池给我，以旧换新。

苏　勇： 以旧换新后呢？

张天任： 旧电池拿过来后，就不会流落在市场上，我可以实现无害化处理。所以，整个电池从生产、销售、使用、回收再利用、再生产，形成了一个闭环产业链的商业运营模式。国家现在有很多配套措施，谁生产，谁负责，谁回收，谁处理。企业如果不重视，没有好的装备和技术，当然会产生污染。我们的国防科技、生产生活，老百姓出行，基本上都离不开电池。问题是要把它生态化，设计清洁化，制造智能化，还要实现循环利用，这样一来，它就是一个绿色能源产品。

苏　勇： 我们知道，作为全国人大代表，您曾经向全国人大提出了关于加强对报废动力电池的再生循环利用的议案。现在，我们国家电池行业的回收利用的现状如何？

张天任：全社会都在关注电池的回收利用。我已经连续多年向全国人大和有关部委提出，要进一步出台政策，加快对电池的回收再利用。这些年的成效显著，企业环保意识提高了，技术装备升级了，国家也重视了。问题在于大量新能源汽车的锂电池，组合一辆车至少要五六千个电池，多的要七八千个，这么多电池，拆解下来以后怎么处理？而且，这种电池是轻金属，有时会短路，废旧电池会出现燃烧和爆炸。我们国家发展了这么多年的新能源汽车，电池使用期限已经到了，加强对新型动力电池的回收再利用工作要提上议事日程，如果不提前谋划，未来又是新的二次污染的问题。

　　天能集团已经进行了这方面的布局，虽然还处于初级阶段，还要进行投资，但一定会做下去。为什么？作为一个电池企业，我们就有回收加工处理的责任，要做到清洁化、循环化。我们现在已经建了这个工程，在技术上也有所研究，在未来，我们要扛起可持续的生态绿色增长的责任。

苏　勇：天能集团现在生产锂电池吗？主要是用在哪些终端产品上？

张天任：我们锂电池生产有十多年了，一部分用在数码产品上，比如移动电源；还有一部分用来出口，重点是用在电动车上，它的用途是广泛的。

苏　勇：作为中国电池企业的掌门人，您怎么看待像锂电池，包括现在讲的氢能电池等这种新型能源的发展？

张天任：我从业30多年，不断地向老一辈的电池专家、科研人士请教，在实践中摸索出了一些经验和想法。第一，铅蓄电池还有很大的发展空间，但一定要把它做成环保的、清洁的、循环的、可持续的，一定要提高它的能量。现在，铅蓄电池的技术比较成熟，成本比较低，经济性价比较好，安全性也不错。第二，锂电池有广泛的前景，因为它的能量高，是轻金属，使用领域会越来越广，像家用电器等也会用到。所以，锂电池发展空间很大，但它不一定完全是铅蓄电池的替代品，二者是并存关系，各有优、缺点。

更重要的，我们认为，未来的氢燃料电池的使用范围和空间会更大，因为它能量密度很高，非常环保，问题是怎么降低成本，缩小体积，保障安全。所以，我们建议，要对这些新能源电池产品进行更加科学的研究。国家在制定政策的时候，要多听专家和企业家的意见，因为企业是创新主体，很多核心技术就是企业和大专院校联合攻关实现的。

苏　勇： 说到锂电池，2019年的诺贝尔化学奖分别授给了三位在电池研究领域有杰出贡献的专家，一位是美国的，一位是英国，还有一位是日本的。这三位专家，您有没有听说过他们的名字？日本的那位专家被称为"锂电池之父"。

张天任： 我也看到了这个消息，是我们的一个海归博士告诉我的，那位日本专家就是他的导师。我感觉，未来的空间会很大，对它的前景还是看好的。比如说，固态锂电池，它是用在高端技术上的，我们也正在布局。供给侧结构性改革不是一定没有市场，关键是要看到底哪些产品是消费者有需求的；哪些低端的，赚不到钱的，又是消费者不欢迎的，我们坚决不能再做。

苏　勇： 我们谈谈企业管理。我们知道，您曾经带领天能集团的一些骨干去安徽小岗村参观，回来后在企业里做了管理变革，是什么样的契机促使一个工业企业跑到农村去参观呢？

张天任： 我是农民出身，刚参加工作的时候在搞农村改革，给我深深打上了烙印。2014年，我们也要改革，正好去安徽开会，就策划去参观了小岗村，看看他们当时是怎么改革的，这对我们的启发很大。另外，我们想通过参观小岗村，让管理者意识到，改革是一种责任，要通过改革走上一条新的高质量发展的道路。同样的人、同样的单位、同样的房子、同样的设备，我们要有不同的效果和效率。所以，从那一年开始，到现在为止，我们的员工数量几乎没有增加，但是，销售利润翻了两倍多。为什么？就是把小岗村理念拿到企业，不增加人，通过改进工艺，提高生产效率。

苏　勇：在机制方面有哪些改进？

张天任：机制方面，人家说，企业要越做越大。我们是在做大，但要把企业核算单位划小，当时叫自主经营体，管理层成立一个虚拟公司，交一定金额的承包金，就是管理风险金。我给他们下达一个指标，签订一个对赌协议。协议签订后，你达到指标就可以拿基本工资，超过部分可以拿利润分成。

苏　勇：如果达不到呢？

张天任：如果达不到，交的钱要扣一半。

苏　勇：这是在哪一个层面来实施的？

张天任：是事业部和法人经营主体，当时叫一级自主经营体，在下面搞二级。比如说，一个电动车电池制造工厂拿了总任务回去，开始根据一级、二级进行下分，至少有两到三个自主经营体，有的还会到班组。班组和班组之间相差很大，自主经营体的班组的生产效率会高100%。所以，内部管理的机制体制创新与改革，对企业，特别是对我们这种制造业的效果是非常大的。

苏　勇：相对以前而言，实施最好的是自主经营体的效果是怎样的？

张天任：人工减少2/3，产能提高一倍，利润提高2/3，这是最好的。但也有达不到的，几十个部门当中，有一、两个部门偶尔会出现这种现象。

改变世界（五）：中国杰出企业家管理思想精粹

苏　勇： 现在在整个公司全面推开了吗？

张天任： 我们是从2015年开始推的，一直到现在。这种自主经营体模式要进一步优化，特别是在利润分配上，要有机制，要按照贡献和努力分配，而不是单纯依据交的钱的多少。它不是一个完全的股权，要有新的激励要义。

苏　勇： 张主席，我和您探讨一下。我也去企业调研过，像这类的机制对激发员工的自主经营意识和劳动效率会有很明显的提高。反过来也会产生一些问题，说得通俗一点，会出现"认钱不认人"的现象，一天到晚算账。原来还是同事，像兄弟一样融洽，但是，现在大家先要把账算算清。

张天任： 我们也意识到了这个问题，这个机制不是"万能膏"，肯定要不断去创新。我刚才讲道，不是交多少钱就有多少回报，要有弹性，否则会产生问题。第一，大家觉得只要交钱就会有钱拿，这是一种；第二，会成为短期行为，假设明年辞职了，今年把利润全部做到，拿两倍回报率，不会把利润放长一点到下一年。第三，内部会增加沟通成本，因为都实现了独立核算。那么，我们要用新的机制去解决，比如说，不再是一刀切的保证金等。

苏　勇： 也要把个人的努力充分考虑进去，不搞平均主义。

张天任： 对。第一，我们现在提倡做平台型企业，通过众创、众筹，让所有有才能的人发挥出潜能，提高积极性。第二，管理形式上，原来是传统的金字塔型管理，上面是董事长、总经理、副总经理、总监；现在要倒过来，是倒金字塔型，叫赋能，帮助你整合资源，让你们把各自的经营体做大，我们在后面支持。我感觉这是一个很大的改变。

苏　勇： 张主席，我知道您非常重视公司的团队建设，这里面有什么故事可以和我们分享吗？

张天任：30多年来，我们一直很重视团队建设，天能集团可以走到今天，团队发挥了很大的作用。企业小的时候，我想怎么样就怎么样，觉得我是最聪明的，什么都要听我的。企业到中等规模的时候，员工有了一两千人，我和大家是一起参与的，什么事情一起讨论。到现在，企业有上万人，销售收入超过100亿元，我管得反而少了，只管高层的一些人。要把人管好，再就是把钱分好。我到最后干的是什么呢？就是文化价值观和思想的统一，管方向，也就是企业文化价值观建设。人员上要实现老、中、青结合，内、外人才也要结合，找到一个平衡点。

天能集团董事局主席张天任

苏　勇：说得非常好。刚才您讲到战略决策，天能集团下一步的战略决策是怎么样的？我知道，天能集团原来是在港股上市，现在准备要回归A股，这也是您战略决策的一部分吗？

张天任：我们整体的战略决策是这样，一是要知道自己是谁？天能集团是中国铅蓄电池行业的领军企业，是世界一流的制造企业，我们就在铅蓄电池方面做足文章，把产品做得更环保、更清洁、更节能，能量密度更高、更安全。而且，涵盖所有高端铅蓄电池，真正做成电池的"全球航空母舰"，这是一个战略。将我们的传统产业通过改造进行提升，使它成为一个新兴产业，做成一个技术含量更高，更环保的一个新产品，这是主旋律。

二是把几个新兴的板块做起来，就是新能源电池、循环经济和现代服务业等。我们有一个愿景，天能集团要成为世界一流的新能源电池的解决方案商。就是说，在未来，天能集团不单单是做电池的，而是要提供新能源的集成解决方案，为改善国家的能源结构，甚至对全球能源结构的调整做出我们的贡献。

苏　勇：我们要做这些事情，您怎么样去招揽人才？人才是决定性因素，现在面对的又都是90后，甚至00后的年轻人，他们的思维、价值取向、行为方式和老一辈企业家或者说老一辈的员工都有很多不同，怎么样在管理方面有所创新？怎么样去吸引更多的人才来加入天能集团？

张天任：第一，企业是要靠文化来引人，留人。首先，企业要有包容文化。另外，要构建一个完整的人力资源发展体系，不是说，我今天让人力资源部门去招人进来，然后给他一个位置，给他高薪，想留住他，这不行。现在要讲文化，他要认同企业的价值观，他要发自内心地愿意跟着你干，这很重要。

第二，你要给他展示才能的平台。比如，我们原来只是国内平台，由于业务发展需要，建了一个全球研发平台，包括美国、澳大利亚、印度、非洲等地区。

第三，要有一种机制。比如说，有的人才，你给他股权，给他期权，项目激励、经营绩效等，再加基本薪酬和福利，还有就是要解决小孩读书等问题，帮他解决后顾之忧。再一个，内部要不断对新进员工进行培养，招一个人进来的时候，他的水平不一定完全适合我们，这里能够提供什么？他进来的第一个月就能学到新东西，可以让他学到好多外面学不到的，帮助他提升能力；同时，他的个人价值也得到了激励和展现。我一直和他们讲，不要把工资当成全部的收入，更重要的是你额外的激励，这才是真正的收入。

苏　勇：商学院有一门非常重要的课程叫"战略性人力资源管理"。您刚才讲的实际上就是这个理论体系中的一些核心思想，而且，还有您非常深入的思考。我觉得，这对整个天能集团的发展会有非常重要的作用。

　　下一个问题，作为土生土长的著名企业家，又经过现代的EMBA课程学习，您怎么样思考在整个管理当中平衡西方管理理论和东方的管理智慧，又是如何运用到企业的管理当中去的呢？

张天任：天能集团是从农村走出来的，从村办企业到个体户，再到股份制，再到国际化的上市公司，它本身就是中国传统管理理念和国际先进管理理念的融合。第一，要有机制上的保障。因为，现在的股东很多都是全球化的，和国内完全不一样。国际的先进管理理念和我们传统的管理方法存在差距，特别是像我们几十年下来，在一些元老身上确实存在经验主义，很难接受西方的东西，这是一个问题。

　　第二，在工作的状态，也就是挑战精神上，随着年龄的变化和物质财富的满足，也会逐步衰退。更重要的是，目前的管理层文化要有磨合的过程，要靠文化去协同和统筹。所以，老同志会进入到董事会或监事会，也会进入到企业的顾问层面，真正前沿的科技创新和一线的经营管理让年轻人、有文化的人来干，形成合力。就是说，我们既有冲劲、有奋斗精神、有创新，同时也有机制和规范，实践下来的效果还是比较明显的。所以，传统和现代的结合，东方和西方文化的融合都会体现在我们整个管理当中。

改变世界（五）：中国杰出企业家管理思想精粹

像我们这个企业，这一点特别明显。一个产品做了三四十年，原来二三十岁的人，现在都已经五六十岁了，原来靠老乡，靠同学、朋友、亲戚的模式早就不适应了。现在在国内招了很多人才，而且走向国际化，国际上又聘了很多，要去找到一个平衡点，才能使企业健康发展，各自发挥好各自的作用。

苏　勇： 我们知道，天能集团最近和世界上非常著名的道达尔公司（法国的一家能源企业，编者注）有合作，这是怎么样的一个过程？我们为什么会决定和这家公司合作，是机缘巧合，还是我们的一个战略步骤？

张天任： 在战略上，天能要把电池做深、做精、做透。锂电池现在受到国家的高度重视。在国内，锂电池技术还有一定的局限，尽管我们摸索了十多年，但是还没有达到世界级领先水平。法国的那家公司是世界的一个能源大公司，它的转型比较成功，从传统能源走到了新能源，在世界500强中属于前列，2019年排在第20位。他们的能源战略非常清晰，从传统能源走向新能源，现在做的新能源，特别是锂电池，用于高端领域，尤其是在航空航天上，他们看好中国未来的新能源锂电池的储能和动力市场。后来，他们对天能集团的发展理念、管理团队、市场网络，以及产品制造能力都很感兴趣，产生了共鸣。双方通过长期磋商，基本达成了共识，共同研发电池材料、新型电池制造及高端电池。

苏　勇： 天能集团经过30多年的发展，从很小的企业，到现在不断做强、做大，成为世界领先企业，这样的发展历程对中国现代制造业有什么启示？

张天任： 第一，我们要沉得下心来，不要看到别人做的行业赚钱，自己也要去干，要咬住自己的专长，自己的强项，把自己的东西做得更好，这个过程中会面临很多的困难，但一定要抱有强大的信心。第二，一定要不断地进行创新。创新不单单是产品的创新、技术的创新，关键是机制、体制的创新和人才的创新。第三，一定要有自己的企业文化。这是企业的魂，愿景目标要一致，要能够体现出企业发展战略，按照这样的文化价值观理念去制订战略目标，并有效实施。说白一点，不要浮躁，要坦荡，要沉下去，沉得深一点，要经得起诱惑，耐得住寂寞，才能把事情做好。我举一个小例子，种花种草也要有匠心精神，不要说1‰概率太小，实际上，1‰对一个客户来说就是百分之百的质量问题。第四，要有感恩的心。企业家要有社会责任，感恩改革开放，感恩党的正确领导，给我们提出了一系列的指导性意见，企业在贯彻落实以后，把企业做得更健康。这些我感觉也很重要。

苏　勇：谢谢！

张天任：谢谢！

[**专家点评**]

天降大任

苏　勇
复旦大学管理学院教授、博士生导师
复旦大学东方管理研究院院长

在浙江省长兴市，有着一家优秀的以生产动力电池为主业的企业。它在全世界做到了动力电池第1名，这就是天能集团。

2019年10月10日，我和"改变世界——中国杰出企业家管理思想访谈录"项目组同事，赴长兴访谈了天能集团董事局张天任主席。在长达两个多小时的访谈中,张天任畅谈了天能集团如何从一家破旧的村办小厂,一步一步发展起来的艰辛历程和对于企业未来发展的宏伟蓝图。

建团队开创新局面

在张天任看来,在企业发展过程中,团队是一个非常重要的企业成功因素,当年他东拼西凑,出资17000元将经营难以为继的村办企业承包下来之后,如何将当时草都已经长得很高的企业起死回生?对于这一点,张天任高度强调了团队的作用。在方向明确、市场有前景的情况下,团队的作用就至关重要。张天任当年组建了6个人的核心团队。这个团队对于当时的企业来说,解决了市场问题、资金问题、技术管理问题。然后他将力量集中在市场开发上,找到了7家合作企业,解决了产品销售问题,使企业出现了勃勃生机。毛主席曾经说过:"政治路线决定之后,干部就是决定的因素。"这一英明论断在张天任的企业经营生涯中得到了很好验证。企业的战略制定之后,管理团队就是决定的因素,有了同心协力的优秀团队,就可以开创局面,能够使企业绝处逢生,所以人的因素是第一位的。诚如德鲁克所说:"组织雇用管理者的目的就是执行和采取行之有效的行动,管理者必须通过思考和利用已经发生的变革完成自己的使命。"

用产品打开市场

如今的天能集团,是全世界电动自行车动力电池的龙头老大。而之所以能够拥有这个地位,是以张天任为首的天能集团管理层,看清市场发展大势,及时调整产品结构,勇于创新得来的。天能集团从做电极片等半成品开始,发展到做摩托车电池,当时销量很不错。然而随着国家宏观政策变化,很多城市开始"禁摩",因此摩托车电池的销量遇到了瓶颈。当时企业已经发展到几百人的规模，因此急需寻找新的市场。在进行约一年的市场调研之后，天能集团针对当时的市场形势变化和新的消费需求，果断转产电动自行车的动力电池。而当时生产自行车动力电池的有许多厂家，如何使自己的产品能够脱颖而出，打开销路呢？为此，天能集团在产品研发上投入了很大精力，使自己生产的动力电池第一做到续航里程很长，第二能够做到非常环保。对此，张天任谈了自己的深刻体会：做企业一要对市场有敏锐的洞察力，二要瞄准国家政策的趋势。国家希望的是安全、清洁、便利、环保的交通工具，这也是老百姓最欢迎的。所以当时针对市场需求，以客户为中心，市场为导向，通过公司自身的技术研发做了这个产品，此后迎来了市场发展的高峰期。而所谓"人无我有"是第一个阶段，企业能够生产出别人没有的东西，但这是完全不够的，因为别的企业马上可以模仿你的产品。因此，第二个阶段是"人有我优"，只有你的产品具备别人没有的优点，那才能够持续占领市场，战胜竞争对手。而且这种产品方面的优势不是静态的，是一种持续发展的过程，所以对企业经营有极高的要求，要具备很好的前瞻性。

明智而痛苦的转型

俗话说"人无远虑，必有近忧"，企业经营当然也是如此。但是，此话说起来容易，在企业经营过程中执行起来却是非常困难。尤其是企业还经营得顺风顺水的时候，要从长远出发进行战略转型，往往会遭遇很大阻力。

在一般人的印象中，电池生产过程会产生一定污染。而这也确实是一种客观现实。哪怕在国家高度重视环保的今天，一些电池生产厂还在产生不少污染。在大家都是这样生产的时候，企业是否有前瞻性考虑，在环保生产方面进行大的投入，的确是考验企业家智慧和勇气的重要时刻。2013年。天能集团开始在智能制造、绿色生产方面进行投入，这在当时的整个电池行业都是非常超前的。当时张天任等企业领导根据国家和市场的要求，决定进行技术装备升级，淘汰落后产能。这是一个博弈的过程，为此公司董事会内部对于是否要在绿色生产和环保治理方面进行大的投入还产生过争议。而当时这样的决策也确实给天能集团带来了阵痛，导致公司在2013年利润大幅度下降。旧的产能已经失去，而新的设备还没有发挥出威力，2014年甚至公司出现了亏损。为此公司内部怨言四起，说原来做得好好的，为什么要去自寻烦恼？淘汰了这么多还可以生产的设备，在研发上投入那么多的力量，又没有显示出新的能力和效益，这样的大手笔投入是否值得。而以张天任为首的天能集团决策层，坚定不移地推动企业的转型。为了转变大家的观念，张天任还带队去华为、海尔等优秀企业学习，用观念的转变来推动企业的转型创新。正是在这样一种坚定意志和持续不断地在环保和绿色生产方面的投入，到了2015年，新的产能便充分发挥出了效率，新产品投放市场后公司当年就扭亏为盈。不仅有效提振了整个团队的士气，而且也为企业的可持续发展奠定了坚实的基础。

智能制造创新篇

如今的天能集团，把企业站位提高到国际化竞争高度。不仅要占领国内市场，而且要走向国际，用优质产品打开国际市场。走进如今的天能集团你可以看到，电池生产车间像高科技企业实验室一样，一改以往黑、脏、污染的形象。这都是天能集团充分运用了智能制造所开创出的新篇章。在张天任看来，智能制造不是只在一个制造端，也不是只在某一块，而是贯穿企业运作全过程，包括销售、人力资源、前端的研发等，全部放在同一个系统板块里来运行。不仅如此，天能集团生产的每一块电池，都打上了ID（身份识别码），使得每一块电池的踪迹可寻找，可追溯，也为电池的回收利用和能源再生创造了可行性。对于智能制造，张天任有一个很重要的观点：智能制造和工业互联网，不仅仅是限于在车间里面弄一点先进设备，弄点数据集成一下，而是整个产业链数据通过互联网都渗透进去，更重要地还包括要改变人的观念，这是当前制造业进行转型升级、高质量发展的一个重要路径。他认为当今企业要结合自身发展实际情况，真正深刻领会国家提出的高质量发展内涵，并落实到企业生产经营管理当中，落实到战略定位上。

说来也很凑巧。在访谈张天任主席的前一天晚上，新闻媒体报道了2019年的诺贝尔化学奖分别授给了三位在电池研究领域有杰出贡献的专家，他们分别是美国人、英国人和日本人。尤其是那位日本专家，被称为"锂电池之父"。这也给我们的访谈增加了最新话题。张天任也敏锐地捕捉到这一信息，他认为这一领域未来空间会非常大，中国企业一定要善于捕捉机遇，获得更大发展。

为了使天能集团获得可持续发展，更好激励员工的内在动力，张天任带领天能集团目前正在进行机制改革，即划小核算单位，构建自主经营体，将员工的个人收益和企业发展更紧密联系在一起，从而为天能集团的明天做出更好的努力。

郑跃文
接力的冲刺者

主 持 人：苏　勇　复旦大学管理学院教授、博士生导师
　　　　　　　　　复旦大学东方管理研究院院长
访谈对象：郑跃文　科瑞集团有限公司董事局主席
访谈时间：2019年10月29日
访谈地点：科瑞集团北京总部

苏　勇：郑主席，您好！非常感谢您接受"改变世界——中国杰出企业家管理思想访谈录"的访谈。我们知道，您是1981年进入江西财经大学，攻读工业经济专业。1988年，您辞去国家机关的工作后下海，当时是一个什么样的动力让您在那个年代去下海的？能不能给我们分享一下。

郑跃文：改革开放是从1978年十一届三中全会开始，那个时候对中国人来说，发展社会主义市场经济实际上还是挺陌生的。我是1981年上

郑跃文——接力的冲刺者

的大学，1985年毕业后分配在铁道部机关工作，后来转到国家地震局。1984年，国家出台了《城市经济体制改革》文件，鼓励科技人员下海，从这一年开始，很多科技企业陆续在北京诞生，像中关村这样的园区，还有联想、四通、科海、京海等企业。当时就有这样的新生事物，特别热闹，所有人的眼光都聚焦在北京中关村。

苏　勇：一批科技人员下海办企业。
郑跃文：那时候我也年轻，对外面的新生事物特别感兴趣。我本身就是学经济的，源于这种冲动，萌发了下海去干企业的想法。1987年，我就下海了。

苏　勇：把国家干部的身份就完全辞了？
郑跃文：完全辞掉。

苏　勇：要下很大的决心。
郑跃文：是的。20世纪80年代初下海的算是最早的一批。当时从机关出来的时候，部里领导找我谈过话，说："部里下海辞职的，你是第一个。"但是，我没感觉到压力。可能是因为年轻，特别是对改革开放，发展市场经济有种期待，我认为中国就应该这么干，所以，也就没有想很多，比较坚决地离开了国家机关。后来，我写了一篇文章叫《下海人的孤独感》。

苏　勇：你们是七个人一起办企业的吗？
郑跃文：七个人办企业是在1992年，我下海的时候是1987年。

苏　勇：一个人先干。
郑跃文：一开始是我一个人。

改变世界（五）：中国杰出企业家管理思想精粹

苏勇教授访谈郑跃文主席（右）

苏　勇：办的第一个企业是什么样的？

郑跃文：我在江西注册了一家江西科力新技术研究所。当时，国家提出科学技术是第一生产力，我就用了其中的两个字，取名为科力。当时，我们做了两个项目，一个是汽油节能添加剂，还有一个是激光照排打印。

苏　勇：那是四通当时的强项。

郑跃文：就是用四通打字机。我们录入排版，提供视频。当时，很多人是很喜欢学习的。

苏　勇：对。

郑跃文：所以，我们提供一些教材和培训材料，通过排版技术，做各类培训教材；同时，我们买了一个国家专利技术，做节能添加剂，办了一个化工厂，20世纪90年代初，一年能做到1000多万元的利润。

苏　勇：很厉害。
郑跃文：为此，1991年，我被评为"全国优秀科技企业家"。

苏　勇：在江西评的？
郑跃文：全国的。

苏　勇：非常成功。什么时候开始做科瑞集团有限公司（以下简称科瑞）呢？
郑跃文：1991年以后，我想，仅靠一个人的力量是不够的。1992年，小平同志南方谈话，我认为是改革开放、社会主义市场经济的第二次热潮。有很多朋友来问我，能不能跟着我一块干？我就把有能力的同学、朋友联合起来，共同办了一个企业，形成了现在的科瑞。

苏　勇：科瑞建起来以后，赚的第一桶金是什么？
郑跃文：科瑞创办时有六个人，都是从部里机关出来的。办了科瑞以后，做了两件事情，第一件事是源于过去的经验，花了几个月时间做了培训录像带，是关于企业如何和银行打交道的。

苏　勇：对企业来说很实用。
郑跃文：现在大家觉得这还需要教吗？但是，在当年，我们是没有商业银行的，过去的企业贷款是靠拨款，要写报告，同意后才给拨，后来把拨款改为贷款，叫拨改贷。两者是不同的，贷款要付成本，拨款不需要。

苏　勇：也是不需要还的。
郑跃文：不需要还，属于财政拨款。但是，你要等待，需要时间。有的项目等到钱的时候,技术已经落后。贷款就很快,马上就会产生效益,还的是本钱,赚的是利,就产生了市场经济。当时,我们就是要把这一套教给企业,企业也觉得是一件新鲜事,所以,我们制作录像带,名叫《企业如何与银行打交道》,由银行帮我们卖,几个月时间,我们就有了1200万元的收入。

苏　勇:拍摄不难吧?
郑跃文:很简单,找个人讲银行的业务。银行的人负责推销,他们把录像带作为宣传材料送给企业。

苏　勇:包销了。
郑跃文:到了年底,收了1200万元,有600万元的利润,这是第一桶金。

苏　勇:您发现了这个商机,很不容易。
郑跃文:另外,我们做了一个房地产项目。

苏　勇:是什么?
郑跃文:房地产受益券。1992年小平同志南方谈话后,深圳有很多人去做房地产。我们想,能不能在江西南昌做一个。

苏　勇:是不是类似于集资建房?买了你的债券,我可以用比较便宜的价格优先来买你的房子?还是仅仅是一个金融方面的投资?
郑跃文:实际上,我们做的是地产受益券,是个债券,利用大家对房地产固定价值和它的成长性设定的投资受益券。

苏　勇:所以是金融产品。
郑跃文:是金融产品。当时没有钱,就和政府说,我们投资做一个十万平方米的住宅小区。政府是非常欢迎投资的,说,可以。当时土地都是不要钱的，是划拨的，划拨了100亩地给我，但我们没有钱建。当时，一平方米建筑成本是600元，这样就要6000万元。我们做了一个方案，报给省人民银行。建成十万平方米的小区大概要三年时间，所以，我们发一个三年的债券，就是投资受益券。三年以后房子估计可以卖到800元/平方米，也有可能1000元/平方米，产生的投资收益全部归投资人，我们收15%的管理费。我们用三个月左右的时间做方案、拿地，和银行谈发债券。

苏　勇：这个应该不容易吧？当时对内地来说，这是一个全新的金融产品。
郑跃文：完全创新。

苏　勇：银行能批也是蛮有创新精神的。
郑跃文：我是非常感谢当时的银行领导和部门的同志，大家都接受了这种新生事物。

苏　勇：听都没听说过。
郑跃文：没听说过，但觉得有道理。最后我们发的时候，怕发不出去，就和证券公司谈，不能固定死，要让债券每天都可以交易。

苏　勇：不能固定死了。
郑跃文：不能固定死。那我们就让钱流动起来，怎么办？你可以在证券公司挂牌交易，可以自由买卖。

苏　勇：债券有浮动。
郑跃文：如果你急着用钱，你可以挂牌交易，这样你就能收到钱。这个项目比较成功，当天一下就卖光了，收到6000万元，加上录像带，年底一共产生了1000多万元利润。

苏　勇：在20世纪90年代已经很了不起了。

郑跃文：对，当时工资才100多元钱。我觉得，市场给的机会还是特别多的。

苏　勇：有人说，您是改革开放以来最早进入金融领域进行专业投资的民营企业家，您认可这样的说法吗？您对金融行业投资的敏感性来自哪里？

郑跃文：我们学经济的人都知道，金融是百业之首，而且没有淡季。1992年开始，我们的这些同事从银行来的比较多，所以，大家对做银行情有独钟。当时，私企可以办银行，叫信用社，100万元就能办一家，一家信用社又可以设很多分支机构，实际上就是一家地方的小银行。现在，中央比较鼓励的民营银行可能就是当时的信用社。当年，我们成功地在南昌发行受益券后，得到了人民银行的认同，算是有信用了。1993年，南昌市人民银行就批准我们在南昌市成立了两家信用社。

苏　勇：独资成立的。

郑跃文：我们是主导。我们在南昌办了两家信用社，一个信用社一年的存款大概可以做到一到三个亿。后来，陆续在全国办了十个这样的信用社，分布在郑州、厦门、青岛、安徽、辽宁等地，资金量就很大了，手上有了几十亿元存款，规模就比较大了。

　　我想，当时最好的生意就是办银行。所以，在1993年，我到北京参加工商联座谈会，提出来应该办一家民营银行，这个想法得到很多企业家和统战部、全国工商联的支持，让我去起草报告。

苏　勇：您参与起草了筹建民生银行的报告？

郑跃文：不是，筹建是后面的事情。我先写申请报告，部里很快就批示了。

苏　勇：批得很快。

郑跃文：很快！领导对改革开放，对发展民营经济有很强的超前意识。1994年1月7日，我接到了人民银行通知，谈筹建民生银行的具体事宜。就这样，全国工商联成立了筹办组，让我做副组长，和工商联领导一起筹建民生银行。为此，我到北京工作了两年。1995年，我入股了当时筹建的华夏银行，作为大股东，成为华夏银行的常务董事。同一年，作为第一大股东参与了湘财证券的发起。

苏　勇：您主要涉足金融领域，包括证券、银行、保险。

郑跃文：对。实际上，除了投资，我最主要的还是做和产业有关的，有农业、制造业，后来又涉足矿业，到今天的生物医药。实际上，真正的企业实体都得益于金融支持，得益于资本市场的支持。

苏　勇：什么时候从金融领域开始转向产业投资的？是不是因为做金融，盈利比较好，手里钱多了，想去投资产业了？

郑跃文：实际上，我是做企业的。企业如果没有产业，根本就不叫企业，所以，我不是做金融的，但我认为企业离不开金融。1992年，成立科瑞后，我就又建了一个化工厂。

苏　勇：是从实业起家的。

郑跃文：对。我是从企业起家，一直没有离开过。那个时代的人都有实业报国的理想。做企业是我最大的兴趣，当年的化工厂也比较成功。除了化工，我们还做开关，1993年，第一家开关厂就在南昌成立，叫瑞伦电气。开关厂建立后，我们在这个领域去研究，如何做大。为什么涉足开关领域呢？我们想，第一次工业革命是蒸汽机时代，第二次工业革命是电力时代。中国下一步市场经济发展肯定要进入工业化时代，最重要的就是电力。这里最高等级的技术就是开关，所以我们选择了开关。

改变世界（五）：中国杰出企业家管理思想精粹

苏　　勇：所以，您是有战略考虑的，而不是贸然地一脚踏进去。

郑跃文：我们是非常有战略考虑的。所有进入的产业，我们都是非常有想法，要考虑为什么进入，未来怎么发展。

苏勇教授向郑跃文主席（右）赠送项目成果

苏　　勇：都是想好了才踏进去。

郑跃文：对。我认为，想比干更重要，没想好你就去干，会越走越偏，想好了再干，会越干越好，所以，没有想好的话，是不能轻易动手的，一定要想好了后才能干。

苏　勇：所以，您选择了做开关。

郑跃文：对。我们干了两年，从1993年到1995年。1995年，我们还建了泰山研究院。

苏　勇：泰山研究院，设在山东吗？

郑跃文：是从北京发起的。

苏　勇：研究技术吗？

郑跃文：不是。实际上，是企业家一起探讨中国社会主义市场经济发展，大家经常在一起讨论研究。

苏　勇：讨论用。

郑跃文：讨论、研究。我在这里认识了柳传志。后来，我把做开关的想法和他做了沟通。他听后，觉得这个产业能做大。1995年，我们两家成立了联想科瑞中国电力公司。

苏　勇：合资公司。

郑跃文：是的。他们占60%股份，我占40%股份。后来，我们收购了苏州第二开关厂，又收购了平高电气，从自己开的一个小开关厂，发展成一个大开关厂，做高端开关。

苏　勇：收购了河南平高？

郑跃文：平高是中国三大开关厂之一。1997年，我们收了平高，三年后成功上市，逐步做大了。做大后，我们和日本东芝成立了合资公司，引进了百万伏的特高压。这是输变电行业的最高等级。

苏　勇：超长线路的传输。

郑跃文：对，超长线路传输。现在在中国，平高的技术能力和技术等级拥有了全球领先水平,以后希望把产业通到西平、省开、北开。

苏　勇：推动整个产业的整合。
郑跃文：对,做制造业的整合。另外,我们从1995年开始进入农业产业的整合。

苏　勇：是做果汁吗？
郑跃文：最早不是做果汁。1995年,我们投资连云港如意集团。如意集团当年是做蔬菜的,我们进入后开始搞农业产业化,做蔬菜出口,当年的目标市场是日本。过去,生产农产品是没有规格的。

苏　勇：比较粗放,靠天吃饭为主。
郑跃文：对。当年的西红柿有大有小,现在再到菜场去看,好像和鸡蛋一样。

苏　勇：大小比较均匀。
郑跃文：后来,我们知道这是种子的原因,就引进种子,让农户种。种完后,我们消毒、切片、切块,再包装,卖到日本。我们成为如意集团的大股东,1997年就上市了,成为农业龙头企业,后来开始做果汁。当年,国家鼓励种经济林,农业发展要多种经营,在荒地上种苹果。从山东烟台到陕西、山西,是种苹果最好的地带。但是,种了后泛滥了。

苏　勇：卖不掉。
郑跃文：卖不掉,丰产不丰收,农民气得要砍树。国家就考虑如何解决,我们就和农业银行商量,由农业银行提供买方信贷,提供资金,我们从欧洲购买设备,制作并销售果汁。

苏　勇：可以抵设备款。

郑跃文：设备款和贷款，形成了这么一个模式。

苏　勇：听上去很不错，是一个三赢的模式。
郑跃文：金融是有很多创新的，所以，当年就建了一个果汁厂。

苏　勇：年产大概多少或者说销售额有多少？
郑跃文：产量是蛮大的，因为苹果特别多，像我们一台设备，一个小时要压制100吨苹果。

苏　勇：一台设备，一个小时，一百吨，产量很大。全部出口吗？
郑跃文：全部出口，当时占到全球果汁市场15%的份额。

苏　勇：很大的一个比例。
郑跃文：对。我们当时是全球最大的浓缩苹果汁加工企业，我兼任董事长。发展第一家以后，我们也在看，行业里面还有哪些比较不错的。后来，我们把安德利公司收购了，它当年在整个行业里做得是最好的。从1995年开始做苹果汁，到2003年，安德利果汁在中国香港上市。

苏　勇：在中国香港做的？
郑跃文：是的。刚才您提到的药厂，最早是2000年收购的，进入的是江西的博雅。

苏　勇：那是一家做什么药的公司？
郑跃文：做血制品。为什么做血制品？因为血制品在医药领域里属生物医药类，是比较高端的。

苏　勇：对，它不是化学的。
郑跃文：它不是化学，是生物的。原料比较特殊，是人血，要靠血制品作为基础材料，所以，产品都是非常稀缺的。后来我们又收购了上海莱士，成为了它的大股东。这些年，我们又收购了河南邦和。

苏　勇：原来也是河南的一家生物制药企业？
郑跃文：生物制药企业。

苏　勇：现在改名叫河南莱士，并到上海莱士里，是吗？
郑跃文：是的。这段时期又陆续收购了安徽同路、宁波海康，现在也都并到上海莱士里了。

苏　勇：我发现，您的并购有一个特点，就是看准一个行业进去后，把这个行业里的一些知名企业通过各种各样的方法并购进来，这是您的一个投资理念吗？
郑跃文：对。实际上，任何产品都是有大市场的，像纽扣，产品虽然很小，但市场很大。我们认为，只要你做到一个行业的龙头，就能够成功，企业就会发展得非常好，这是我们的一个基本理念。所以，在这个基本理念的指导下，我们进入一个领域就开始分析这个领域。一个企业能做得好，无非就是技术、人才、市场和品牌，这几个是核心。我们就是如何去整合资源，把最好的品牌、最好的人才、最好的技术整合到我们的旗下，找到志同道合和条件禀赋好的企业去合作。进入后，两家成为一家，发挥各自优势就能够成功。

苏　勇：然后深耕这个行业。
郑跃文：对，深耕这个行业，成为这个行业的绝对龙头。我们是互补，一定要加强企业在产品经营上技术管理，这是我们进去后要给他们推崇的理念。

苏　勇：有没有什么故事可以跟我们分享？

郑跃文：我们进入平高以后，在治理结构上把它改造成现代化企业，当时它还是国企，就是工厂。

苏　勇：很传统的一个企业。

郑跃文：它原来就是一个开关厂，后来要改造成有限公司，这是观念上的大变化。以前的企业是不管赚不赚钱的，但是，你要在市场上有竞争能力，就要剥离，把有竞争能力的部分改成现代化企业制度，形成公司制，这样才能够实现股份制，才能上市。

苏　勇：对，这样才有竞争力。

郑跃文：上市后，你要有好的财务表现，各方面都要规范管理，在资本上就能得到青睐，能融到更多资金。像过去，他们说贷500万元，但贷不来。一上市，自己融资都可以融多少亿，别说贷500万元了。

苏　勇：对，银行都追着你来。

郑跃文：对，资金得到了很好的解决。以前，技术就是很不错的，但是，我们引进了更好的技术，在很多能力和资金上都帮助企业发展。所以，我们叫投资管理，就是投资后对它进行改造。

苏　勇：我们派人去了吗？

郑跃文：派的。但是，我们基本上不进入生产经营领域，会进入董事会，把制度改造好，把战略定位好，然后在方方面面进行改造和帮助。这样，每一个企业都成了行业里著名的龙头企业。

苏　勇：企业真正焕发出了活力。

郑跃文：到现在，这些企业都是行业里最好的。后面就算是我们退出来也没关系。我觉得，在一个领域中做到极致，完成从一个一般企业到最好企业的转变后，我们的任务就应该完成了。

改变世界（五）：中国杰出企业家管理思想精粹

苏　勇：适时的退出也是合适的，对吧？

郑跃文：我认为就应该退出，像跑接力赛一样，你跑啊跑，你的能力不行了，赶快就换给第二棒，他跑得会更快，在这样的速率下，才能以最快的速度完成一个长跑。

科瑞集团有限公司董事会主席郑跃文

苏　勇：这个观点很有意思。后来为什么又去国外收购？我们知道，您收购了澳洲的银河资源，还收购了日本一家很有名的生产高尔夫器具的公司，这是什么样的机缘呢？

郑跃文：实际上，中国企业发展到今天，必须要面临和海外结合，因为，我们说中国地大物博，地是大，但物并不博。可以说，中国的发展离不开海外的资源和市场。我们做了调研，发展好的企业都有走出去的经历或者是有要走出去的想法或者已经是在海外建立了合作关系。中国现在提出"一带一路"倡议，实际上就是中国在发展起来以后，带着自己的能力，带着合作的需要走出去，和全世界加强合作。我的企业也是这样，发展到一定程度了，各种要素都让我们和世界结合。像我们的果汁，很多就是要卖给国外的饮料企业，因为我们是浓缩果汁。

苏　勇：还要再加工。
郑跃文：对，要再加工，像我们发展电气开关，就和日本东芝合作成立了东芝平高合资公司。合作以后，日本企业也得到了他们的发展空间。

苏　勇：得到了他们需要的原材料。
郑跃文：对，我们也得到了市场和空间。

苏　勇：怎么会想到去收购高尔夫Honma公司，是您个人特别喜欢打高尔夫球，关注到这家公司吗？还是有另外的原因？
郑跃文：是这样，有一段时间，中国体育用具中的精品产品之一——高尔夫，在中国刚刚兴起。我认为，要关注技术和品牌，特别是一些百年老字号，从中能学到经验技术和精神。这些都是我们很多企业想做但做不到的，就是如何做到极致。

苏　勇：极致。
郑跃文：极致，我们做到了九分好，但是差一分，我们的价格就比别人差很多。

苏　勇：价格上就不止差一分了。
郑跃文：对，差一倍，技术差一点，价格就差了一倍，利润就比你多了一倍，你在市场上就永远没有竞争力。通过这一点，我们充分认识到，像Honma的一套杆，能卖到几十万元，十几根杆就能买到一台高档汽车。

苏　勇：看上去很简单，不就那么一根杆子吗？卖得那么贵。
郑跃文：很简单，用碳纤维卷的一个杆体。我对国外百年品牌的产品都特别关注。产业快速发展，没有钱没关系，但一定要有好想法。像我们做了那么多收购，都没用自己的钱。

苏　勇：都是用银行的钱或者是金融机构的钱。
郑跃文：资本市场的钱。很多人愿意跟着你一块干，一块投，你只要有好的想法，包括收购Honma，都是国内这些朋友，大家每人凑出了一两百万美元，最后1000万美元收购了。

苏　勇：您发现了好项目，有一批人愿意一起投，资本市场也有比较充分的资金去做。
郑跃文：对，那个项目特别好，一点负债没有，一年销售十几个亿。但也有很多经验教训。

苏　勇：有没有什么故事可以跟我们分享吗？
郑跃文：第一，国外有好的技术、好的品牌、好的管理经验，我们收购以后，能学到很多东西，这是对企业发展比较关键的一点。第二，你能得到很多过去自身还没有能力做到的东西。

苏　勇：比如呢？
郑跃文：像Honma，是全球知名品牌，收购以后，这些技术能力就变成自己的。一个名牌企业的资源给我们带来的能力和价值是非常宝贵的。

苏　勇：我们知道，中国企业走出去并购，很多是铩羽而归，您认为主要的原因大概在什么地方？

郑跃文：第一，收购海外企业要非常慎重。如果你不了解他国的法律、文化和政策背景等，收购就会失败。

苏　勇：事先功课一定要做足。

郑跃文：对，要做好心理准备。第二，不能按照过去传统的在中国做企业的办法去管理外国企业，否则失败的概率是比较大的。

苏　勇：不能完全把管中国企业的一套移植到外国企业当中去。

郑跃文：对，包括行为方式、文化等，都不能够简单地用过去的办法，国与国之间有很大差别。

苏　勇：您能不能给我们举个具体的例子呢？

郑跃文：我说一个概念吧，在一些发达国家，虽然成本高一些，但是更讲法律，所以，当你进入这个市场的时候，需要一个好的律师团队，避免法律的麻烦。

苏　勇：前期进入的难度会高一点。

郑跃文：成本高。但是你要进入法律不健全的发展中国家的话，机会就多一些，但不确定因素太多了，风险会比较大。所以，我们也呼吁，必须要讲诚信、讲法治。

苏　勇：我们再来聊聊莱士。我们知道，您后来在整个企业的战略上做了一些调整，从一个多元化的战略，包括做开关、果汁、农业等，改成一个聚焦型、集聚性的战略，主要集中在生物医药制品方面，这是出于什么考虑？

郑跃文：实际上，要真正做好企业，都应该聚焦，如果没有专注力、恒心和定力，要真正创造出优秀产品是很难的。

苏　勇：都应该聚焦。
郑跃文：对，都应该聚焦。您让我看的《改变世界》的书，里面有很多我很崇拜的企业家，他们就非常专注。在他们自己的领域里，不管是技术还是产品，都是有成就的，因为他们做出了一番事业，提供了大家最喜欢的产品。所以，我也要聚焦，聚焦到生物医药上，选择莱士。不像服装，品牌与品牌之间没有太本质的差别。但是，生物医药就不一样了，医药是给人带来健康的，这是非常关键的。比如说，患有高血压的患者，如果不吃药，每天头都是晕的，很难受；如果每天坚持吃药，坚持吃20年，血压就是稳定的，是健康的，和正常人是完全一样。

苏　勇：状况很好。
郑跃文：状况很好，所以，我根本不拒绝吃药。很多人说，是药三分毒，不能吃药，但现在，我们医药研究水平越来越高了，药物是可以保证器官正常运行的。药的危害已经不是特别大的损害了，但是你每天是健康的，如果你不吃药，是会难受的。

苏　勇：两害相权取其轻，对吧？药可能有点副作用，但比起人整天活得不好，副作用的伤害比较少。
郑跃文：不单是这样，实际上，如果你认为用药有毒，不用药，但你的病没有得到治疗，器官会受到伤害，寿命就会缩短。所以，我觉得，这是最值得我去选择做的行业。

苏　勇：您怎么看上海莱士近年来的股价波动，或者说，我们从另外一个角度来切入，怎么样来控制风险？您觉得这是什么原因引起的？
郑跃文：上市公司有没有价值，是和他的基本面有关的。你是多少钱，就会被人家认可，你是这个价值。

苏　勇：值多少钱。
郑跃文：上海莱士的价值一度比较高。我认为，上海莱士是医药行业里难得的好企业。所以，我把它收购进来。另外，我认为，上海莱士要发展，基础要打好，上海莱士是血制品企业，要有足够的资源——血源。

苏　勇：血液的供应。
郑跃文：上海莱士现在有上千吨的血浆，在国内是最大的，在海外又收购了几个大的血制品企业，血浆量会更大，能力更强，产品品种更多，有更好的价值。但是，现在上海莱士股价有波动，我们并购的好企业的技术实际上还没装进来。

苏　勇：没有装到上海莱士里去。
郑跃文：对，现在还没进来，如果装进来了，就不用说了，一定是最好的。

苏　勇：听说，您曾经呼吁，希望各方面给中国企业到海外并购提供更多的支持，比如说建立基金等。这是一个什么样的故事？
郑跃文：十年前，参加全国政协会议的时候，我围绕国家对中国民营企业走出去给予支持做了一个发言。

苏　勇：您是有感而发？
郑跃文：我认为，中国企业已经到了不得不走出去的阶段，从过去简单的产品走出去，到现在的资本走出去。需要很多政策法律的保障和支持。以前，世界都害怕中国人走出去，但是，现在全世界都欢迎中国人走出去。中国产品走出去，当时还需要有外贸公司来帮忙销售。

改变世界（五）：中国杰出企业家管理思想精粹

苏　勇：对，要有外贸经营权。
郑跃文：后来取消了，企业有了自主权，可以和国外直接做生意。现在，中国产品遍布世界，中国制造打遍天下。我们是在2004年赶上了德国制造业，成了世界第三；2007年赶上日本，成为世界第二；2010年，我们赶上美国，成为世界第一。有很多人都说，再过几年，世界制造业只有两个国家，一个是中国，一个是外国。所以，制造业对于我们来说是非常自豪的，这是产品走出去的年代。现在是资本走出去，当然，也有限制。

苏　勇：有各种困难。
郑跃文：还有很多困难需要解决。很多企业急需转型，也有很多和海外合作的需要，需要海外的市场、技术、资源、品牌，走出去已经成为企业发展的必然。在这种必然下，如果有很好的条件，能够更好地支持大家走出去，企业就能发展得更好。

苏　勇：在您这么多年经营企业的过程当中，有没有思考过一个问题，怎么样来把西方的管理思想和中国的传统文化、现代文化更好地融合？因为我们管理学界都在研究这样的问题，怎么样在管理当中做到东西方文化的平衡或者说融合。
郑跃文：有两方面。第一，要设定规则和标的，设定后，全球企业都要学习，都要逐步按照标准走。

苏　勇：要有一些共同的东西。
郑跃文：共性的，这个设定就是共性的。就像以前，中国人不大愿意穿西装，但现在都会打领带，穿西装，也挺好，这就是一个标准化，大家必须要会的。

　　第二，管理一定要有人性化的东西。中外怎么融合，我认为，要学习，要包容。我们的企业文化做得比较早，是蛮有影响力的，我们讲的是一种创业精神，进科瑞是为了自己，还是为了理想，还或者是大家既有理想，也有为自己的地方，要讲清楚，互相理解，找到共同点，把它结合好。所以，我们提出，企业应该作为大家的三个平台。

苏　勇：哪三个平台？

郑跃文：第一，利益的平台。大家来到企业，如果企业天天不发工资，没有奖金，也没意思，所以，企业是利益的平台。

第二，企业一定要是事业发展的平台。随着企业的成功，你能找到自身的成功喜悦，你把能力投入企业，为他人创造价值。

第三，它是情感的平台。我们知道，人一生交的朋友，无非就是老同学、老同事、老朋友。这三个部分里面，能在一起共事是缘分。所以，在企业里，如果能互相兼容，互相帮助，就会让我们更加满意。

在管理方面，要有一个大家认同的规则。我也发现，企业文化同样重要，是一种认同感，找到这种认同感后，就能够真正能成为一种好的行为方式，也就可以融入企业管理当中，这也是并购企业后比较难的一点。

苏　勇：怎么样去整合和包容。

郑跃文：标准化，只要讲清楚，动作都是一致的。企业文化要把双方文化融入在一起，如果融入得不好，合作的企业就会出现问题。

改变世界（五）：中国杰出企业家管理思想精粹

科瑞集团有限公司董事会主席郑跃文

苏　勇：我们有过很多教训。

郑跃文：教训非常大。特别是，企业高管之间的文化认同如果不一致，就会带来非常大的问题。问题出在哪儿呢？合起来后发现，刚开始的时候很容易，像在谈恋爱，大家谈恋爱的时候，刚开始都会忽略双方的缺点，先把优点表现出来。

苏　勇：蜜月期。

郑跃文：蜜月期非常好，效益也非常好。后来发现，文化不同，开始出现埋怨，甚至仇恨。

苏　勇：反目成仇。
郑跃文：就反目成仇了。我觉得这很关键，特别是跨国并购，文化不同带来的互相不理解，所产生的风险就会更大。

苏　勇：这大概是跨国并购当中很难的一个方面。
郑跃文：是最难的一个方面。

苏　勇：最难，您认为不是有钱就可以搞定的。
郑跃文：实际上，简单的时候还是比较容易，但是不容易发展，比如说，还是保持原来的这种队形去管理。

苏　勇：原来的基本不动。
郑跃文：对，基本不动，不去要求，不去提高，文化冲突就比较小。但是，企业不容易提升。

苏　勇：兼并了以后，总是希望能够有提升的。
郑跃文：你要提高的时候，问题就来了，不容易磨合，但是，磨合好了就会变得更好。就像原来是一个人在工作，现在有好的家庭了，为了更好的家庭，他的工作会更好。

苏　勇：对，干劲更足。
郑跃文：干劲更足，你的能量也会更大，所以，这是最难的一点。做企业到今天，我觉得，企业家心态要比较强大，有困难了就解决，反正这就是我们这一辈子的工作，不要把它太当回事，你认定了一种方式，就慢慢解决。

改变世界（五）：中国杰出企业家管理思想精粹

苏　勇：勇敢去面对。

郑跃文：勇敢去面对，已经有这么多问题，就去解决，没解决也别着急，就当是你要完成的工作，把它列成你的工作要点。

　　有些企业比较严格，有问题了，就要像做手术一样快速解决，但是，都是在选择不同的解决方法。所以，有些企业能发展好，能力不同，阶段也不同。我们经常在讨论，有些企业多少年以后就倒了，后来分析到底什么时候倒的，什么原因倒的，实际上就和能力有关，有些时候，你已经没有那么大能力去驾驭大企业了。

苏　勇：驾驭能力不足。

郑跃文：对。有些时候做大了，自身发生了变化，心态变了，觉得不要努力了，更加专断了，不像以前那么随和。改变了以前成功时候的文化，所以，包括能力在内的方方面面，都会影响企业的发展。我认为，企业能成为常青树是非常难的。您这里采访的老一代企业家，开始都是要退了，但是，他们要思考，他们离开了，企业还能走多久。

苏　勇：对，现在民营企业家都在考虑这个问题。

郑跃文：有一些企业家很有名，熬了这么多年，但是，企业和产品没什么太大名声。有一些企业，产品有名声，企业也很专注，但是他们之后的人，能不能保持一样的辉煌。

苏　勇：对，能不能接得上。

郑跃文：后面的人能接上吗？现在经常提"两个一百年"，我们往回讲，百年前是什么状态，今天是什么状态。换一个角度说，用百年时间来看某个家族，中国有百年的家族企业吗？

苏　勇：基本没有了。出了一些问题的老字号就是在质量把控方面，像您所说的，在驾驭能力上会有些问题。

郑跃文： 对。有些还是挂着招牌，但已物是人非。在这样的情况下，我们要思考如何传承，到底是留下精神的还是物质的，有没有这样的东西？我不知道他们在思考什么。我得想明白，就像以前做的事情，我想了，有些做成了，很多实际上没做成，是自己能力不够，败下阵来。

再往下想，企业后面要保留的东西能走多少年，像我们的企业，实际上走了30多年，你要它再往下走，现在又收了这么多企业，压力会更大。

苏　勇： 面临的挑战可能更大了。

郑跃文： 为什么刚才讲上海莱士是非常好的，因为再进来的人比我们的能力大，更有水平。

苏　勇： 您刚才讲的观点很有道理，就像跑接力赛一样，我把我最能够发挥能力的这一段跑好了，然后把棒交给下一个人，他可能比我跑得更好，企业才能够不断发展。

郑跃文： 对。再想想日本，二十世纪六七十年代发展得很好，有了东芝、三菱，但到现在，也不到百年，他们的企业已经不是原来的样子了。当然，他们奠定了很好的基础。

苏　勇： 肯定有一个不断创新和发展的过程，不能固守原来的不变。

郑跃文： 是的，再过多少年，这些人不在了，但是他们的企业，还存在不存在，以什么样的方式存在，我们应该做点什么准备？

苏　勇： 您现在有没有答案？

郑跃文： 我觉得，这些企业会越来越标准化。有一点必须做到的，就是要把握世界领先的管理和技术水平，那么这家企业就不会有什么问

改变世界（五）：中国杰出企业家管理思想精粹

题。但是，中国人很喜欢说股东是谁，老板是谁？他是什么理念，有什么精神？当然，这个很重要，很关键。但是，我觉得一个好企业，首先你的基础是按照国际标准化的版本，如果企业有能力，他必须找的是最优秀的企业家来管理。他们身上的精神是最值得，也最有资格去宣传的。一个国家的企业精神，我希望通过你们这个节目，多给大家展示。

苏 勇： 您觉得企业家精神怎么样来理解？

郑跃文： 第一，企业家天生有一种精神，很难去培养，就是冒险精神。如果说没有这种敢闯敢干的精神，就不可能成为企业家。投资有投资的风险，还有其他更大的风险，比如说法律风险，到其他国家甚至还有生命风险。做企业，首先要有胆，没有敢闯敢干的精神就不可能做成企业家。

第二，企业家要有学习精神。要不断学习，不断创新。

第三，企业家必须有坚韧不拔的精神。做企业的过程中会遇上很多磨难，如果没有一种坚韧不拔的精神，没有耐力，也是做不成企业家的。

第四，要成为一个好的企业家，还要有一种情怀。比如说，要有公益心、环保心，有社会责任，这样才能成为一个优秀的企业家。

苏 勇： 好的。谢谢郑主席！
郑跃文： 谢谢！

【专家点评】

郑跃文：义利兼顾的产业投资者

李敏
江西财经大学教授　管理学博士

郑跃文，金融学博士，现任全国工商联副主席，科瑞集团有限公司（以下简称科瑞）董事局主席，政协第十三届全国委员会经济委员会委员。2019年，郑跃文被授予"第五届全国非公有制经济人士优秀中国特色社会主义事业建设者"称号，2019福布斯中国500富豪榜排名第347位。从创办实体到金融投资，郑跃文艰苦思考，努力开拓，体现了务实、有方向的长期投资主义精神。

想象力与发展

有研究表明，人的想象能力决定了他的发展空间。1985年，郑跃文于江西财经大学毕业后分配在北京的铁道部，他敏锐地感觉到时代在变化，在1987年毅然决定放弃稳定工作下海经商，理由是：外面的世界很精彩，希望接触新鲜事物。在当时，国家干部是铁饭碗，受人尊重，在国家机关，前景光明；而创业是个风险大，收益预期不明确的事情。这样的一种选择，让身边许多人难以理解。

1991年，郑跃文创建科瑞，并于1992年发行房地产债券。这在当时是个全新事物。用3万元去建设十万平方米的房子，这似乎有点天方夜谭。但是，他从深圳等地判断，房子会涨，用乐观的期望值来引导商业行为，事实证明他对未来的判断是正确的，证明了郑跃文对市场敏感，具有很强的前瞻能力。

信任与分享

在大众眼里,投资者是高冷而目光犀利的人物,但是郑跃文处事却是低调、温暖型。郑跃文作为改革开放一代的投资者,创办了六家上市公司,企业经营涉及金融、政府项目、传统产业等各方面。他作为领导者、决策者、创业者承担着创业过程中出现的各种风险和责任,但他以其成功经历荣获"改革开放40年百名杰出民营企业家"称号。郑跃文在一次讲座中谈到他所进行的国际并购工作,合作方都是世界一流的投资集团,对方愿与其合作的主要原因是高度相信郑跃文。郑跃文是个非常讲诚信的人,他践行信任经济理念,信任可以减少交易成本,产生更强的合作可能性。他同时也是个很谦和的人,在与日本某公司的合作中,郑跃文从公司里最基层员工开始沟通,直到最高层管理者,不急不躁、谦和对待不同层级的员工和领导。

系统思考

中国企业发展需要整合全球资源,这是一个趋势。资源禀赋的重新配置,可以产生良好的经济、社会价值。国外有好的技术,有好的品牌,有好的管理经验,通过国际合作可以促进技术改善,提升中国企业国际市场竞争力,提升营利水平。基于这种考量,郑跃文践行着金融与实业的结合。其投资理念和行为,有其独到之处。

郑跃文投资理念是根据市场做投资,不跟风。郑跃文认为做好市场投资,包含着三层意义:一是处理好人与自然的关系。通过科技创新解决此问题,即运用现代科技手段,提高产品和服务的竞争力,增加企业利润,提高企业核心竞争力。如投资果汁厂,充分运用现代科技,生产出优质产品,让消费者吃上想吃的蔬菜果品等。二是处理好投资方与合作企业之间的关系。充分运用专业的人做专业事,共享发展成果，目的在于最大程度地发挥人的主观能动性，以提高效率。三是战略性思考企业发展。郑跃文一直主张通过资本进入来推动产业整合。20世纪90年代初，郑跃文判断中国下一步市场经济发展肯定要进入工业化时代，进入工业化时代最重要的就是电力，而电力最高等级的技术就是开关。因此郑跃文1993年在南昌开办第一家开关厂，开关厂建立后，公司开始专注开关领域的研究。1995年，与联想合作，成立了联想科瑞中国电力公司。1997年收购平顶山高压开关厂，并在三年以后成功上市。平高电气做大后，和日本东芝成立了合资公司，引进了百万伏的特高压开关等产品，这是输变电行业最高等级的技术。从一个小开关厂，逐渐做大、做强，这里有着战略性的思考和布局。郑跃文认为想比干更重要，未想先做，容易走偏，唯有谋定而后动，才能越做越好。

资本接力

郑跃文是一个以提升企业竞争力为己任的投资者。郑跃文收购平高电气，不仅仅是投钱，同时对平高电气进行技术改造，把平高电气建设成现代企业。同时郑跃文明白，企业经营是靠众人智慧。每一个投资主体呈现的不仅仅是资本，还有资本之后的人的主体性、能力等。资本的进与退，不仅仅是货币数据，而是投资主体对企业经营的理解、谋划，需要迭代创新，由此推动企业不断往前走。郑跃文将自己比作投资游戏中的接力手，坦言每一代投资人对企业理解与运营都不一样，但都将推动企业持续发展。

经济与社会价值相统一

作为投资者，郑跃文一方面注重利润计算，另一方面注重行业、国家的发展。郑跃文参与民生银行创办，一是因为这是创造利润的行业。二是民营银行可以改善国家金融体系，改变民营企业融资困难。在中国现阶段建立和发展民营银行对于启动民间资本、降低政府负担、化解金融风险、完善中国的金融机构体系，具有非常重要的意义。三是民营银行提升金融服务能力。民营金融机构具有机制活、效率高、专业性强等一系列优点，其建立有利于促进金融市场的公平竞争，促进国有金融企业的改革。

王玉锁
不安与变革

主 持 人：秦　朔　中国商业文明研究中心发起人
访谈对象：王玉锁　新奥集团董事局主席
访谈时间：2019年11月16日
访谈地点：新奥集团河北总部

秦　朔：王主席，很高兴您能接受我们的访问。中国是一个多煤、贫油和少气的国家，中国的工业化发展对能源提出了非常高的要求，人民生活的提升也对此有了很高的要求，您所在的这个领域其实是和国计民生高度相关的。

王玉锁：是的。

秦　朔：过去，这类企业我们接触得非常少，总觉得这是国家垄断的，是由国企来经营的。最近看了英国的Brand Finance排名，全球公用事业的企业，排名第一的是国家电网。

改变世界（五）：中国杰出企业家管理思想精粹

王玉锁：对。

秦　朔：在后面看到第29位是新奥集团，我们觉得，你们在不知不觉中已经长成了一个民营背景的公用事业领域的巨无霸。你们有五万多人，年收入1600多亿元，又横跨了比较多的产业，所以，触发了我们的兴趣，想把你们这样一个非常沉默、低调的企业，从管理的角度做一些挖掘。

2019年是新奥集团成立30年，您个人创业可能会更早一点，在二十世纪八十年代中期已经开始了。现在回想起来，您觉得自己是凭借一种什么样的敏感或者抓住了时代提供的机会，又克服了什么样的困难，最后完成了从零到一的过程。

王玉锁：非常感谢项目组。刚才您的提问我试着回答一下。第一，我认为，新奥集团发展到今天，真的是改革开放造就的产物。如果没有改革开放给我们提供这么多的机会，或者说给我们很宽松政策的话，民营企业进入公用事业真的是天方夜谭。

秦　朔：对。

王玉锁：可以说是不可能的。所以，首先是这个时代造就了新奥集团，造就了我本人。第二，当然也有团队的不懈努力。我带着大家打拼，为政府做了大量的工作。第三，就是刚才您讲的，整个国家能源结构的调整，从90%以上以煤为主，开始往清洁能源转变，其实就是天然气化，西气东输工程的实施，燃气体制的改革，基础设施的提高，这些都促进了新奥集团在行业当中的快速发展。

当然，关于我们迈过的坎儿，我觉得，首先是意识坎儿，就是刚才您说的，大家理念上很难接受民营企业来做公用事业，包括我父亲也不接受。我父亲当时说，这哪是民营企业做的？胆子也太大了！还好经过时间的验证，不管是在服务上，还是在工程质量上，甚至在投资方面，新奥集团都能够满足政府和客户的需要。

王玉锁——不安与变革

秦朔先生访谈王玉锁主席（左）

秦　朔：作为普通用户，我们觉得公用事业的投资是长周期的，而且要特别稳定，需要耐心，所以，国有资本可能更适合。而民营资本给人的印象是比较急功近利，注重短期回报。您最早在廊坊一带提供燃气服务，那时候的心态究竟是什么样的？有长远的规划吗？还是说，当时看到是个机会，国家也让民营资本进入，就赶快去抢抓。

王玉锁：相对来说，燃气行业投入比较大，设施如果不完整，燃气是供不上的。所以，它不可能给你时间一点点扩大。好在我1986年就做液化气，积累了燃气的这种易燃易爆的安全要求能力，也积累了一定的燃气投资能力。当然，也包括我们对燃气行业的认识。这个行业，我们看到的是它的未来，相对来说，它受经济周期的影响比较小，我们有做液化气得到第一桶金的基础，再做城市燃气的时候，很多问题就迎刃而解了。

秦　朔：这个行业的竞争门槛是特别高，还是说没那么高，大家都可以做?

王玉锁:是有一定门槛的。比方说,政府对这个行业有严格的资质要求,对过往业绩、团队、投资能力等,都有一定的要求,这个行业是要有资质证的,没有资质是进不来的,营业执照都不发你。

秦　朔:在您早期创业历程中,1995年左右您去清华读书了。
王玉锁:对。

秦　朔:然后,1996年就引入了企业文化等管理方法。
王玉锁:对。

秦　朔:一般人可能想,这个行业不就是铺铺管子嘛,维持它的正常运转,不要出什么问题就行了,为什么要去做这样一个工作?是为了接下来的全国性扩张,还是为了做大、做快后,要补上做强这一课呢?
王玉锁:那时还真没有想这么远,只是解决我的一个困惑。在1994年,新奥集团在廊坊的发展还是顺风顺水的,但是,我高兴不起来,总是会发无名火,或者说大家都认为的好事儿,我却没那么高兴。我的一个司机问过我,说:"经理,咱们现在各方面都挺好,政府支持我们,银行也支持我们,咱们如果把廊坊的燃气做了的话,500人的生活是可以保证的,一辈子无忧了,为什么您不高兴呢?"

秦　朔:衣食无忧。
王玉锁:他的问题我回答不上来。我只能说,你不懂,其实我自己也不懂。在和一个领导交流的时候,他指出了我的一个很大的症结,说,玉锁,你有瓶颈了,该去学习了。我当时真的有豁然开朗的感觉,就有了去清华学习的想法。我觉得,学习对我来说,真的非常有用。在学习过程中,我读了陈惠湘先生写的《联想为什么》。在那本书里，有个故事对我启发很大，战国时期有一员大将很勇猛，五天内打下三座城池，战功赫赫。但是，他高兴不起来，他下边的幕僚就问他，将军，你看，咱们战果累累，朝廷给我们很大的褒奖，你怎么还闷闷不乐呢？将军说，你不懂，城市打下来了，谁来管呢？这句话对我启发很大。那天正好是周六，看完这本书，我就回廊坊了，觉得书中还真有黄金屋。

秦　朔：书中自有黄金屋。当时就引进了这样一套和管理相关的东西后，对公司的运营，以及业务的开展，真的有立竿见影的效果吗？

王玉锁：立竿见影不敢说，但是，对新奥集团的影响是非常深远的，特别是当我用30年的时间坐标来看的话，可以说，它奠定了新奥集团未来在管理上孜孜追求的基础，也通过管理的规范，引入先进的理念，大大提高了团队的意识。原来，大家认为就是做生意，我们付出，客户给钱，挣的钱分掉，那种草莽的意识还是非常强的。通过1996年，我们叫"第一次管理年"，当时是三年，让新奥集团的团队有了很大的改变，有了新奥集团从一个"游击队"到"正规军"的转变。

秦　朔：2005年前后，你们又推进IT、信息化，是和IBM合作。

王玉锁：对。

秦　朔：IBM在中国最大的合作方是华为。就像麦肯锡在中国最大的合作方是平安一样。

王玉锁：对。

秦　朔：所以，我是有一点吃惊的，因为在那个时候，去找IBM推进这样大的项目的民营企业不是很多。怎么会想到要弄信息化？好像和燃气有点不搭界。

王玉锁：是，从业务上可能感觉关系不大。但是，从管理方面，真的

167

是质的飞跃。再回到刚才的问题，1996年开始，新奥集团整个管理创新就没有停止过。那时候，我们引进的是学院派，请学者们来帮助我们提升。到了2004年、2005年，学院派已经支撑不了了，我们要向更高的标准看齐。

秦　朔：那时候面临的最突出的挑战和压力是什么？
王玉锁：企业慢慢做大，已经做到全国各地了。我对管理的最大感受就是，必须看得见、听得见。如果看不到，那就是瞎子；如果听不到下边的反馈，就是聋子，管理也就无从谈起了，都是瞎子摸象，永远解决不了根本问题。所以，我带着这个问题思考，发现信息化能解决，至少在那个年代。

秦　朔：对。
王玉锁：信息化能够让大家按照流程做，把信息汇集起来，出来的报表相对比较真实，能够解决问题，还解决了很多团队找借口不做事的现象。有些团队说因为什么原因无法做，开始的时候我还能够辨别，因为数量少。

秦　朔：对。
王玉锁：慢慢多起来后，他们在全国各地跑，每个地区都有每个地区的特点，他完全可以说，那个地方的人文特点怎么怎么着。信息化后，我就非常清楚他到底干了些什么。

秦　朔：其实，无论是清华大学，还是IBM，都代表了企业发展过程中的管控问题。很多企业做着做着就崩掉了或者耗掉了，不论是企业文化也好，信息化管理也好，对于维持企业的基业常青都是有帮助的。
王玉锁：是。

秦　朔：在这个过程中，比如说用了IBM的信息化，感觉上是不是会轻松很多？

王玉锁：倒没有太轻松，因为从我的角度看，暴露出来问题反而多了，原来是被封锁了的、屏蔽了的。信息化以后，我有很长时间是在解决问题，包括原来遗留的很多问题。

秦　朔：漏洞都露出来了。

王玉锁：另外，因为信息化是一个基础性的工作，流程有好的一面，不管是管控作用，还是标准提升上，都有很大的帮助，但是效率却大大降低了，没有活力了，对民营企业来说，是非常痛苦的。

秦　朔：痛苦的事情。

王玉锁：所以，我们一方面做信息化，一方面在机制上找方案。所以，我们一路走到2014年，才做了下一次的提升。

秦　朔：是和管理架构、管理机制更加关联的。

王玉锁：对。

秦　朔：核心是不是让更多的人有自治或者有很大的自主性和积极性。

王玉锁：您讲得非常对。其实，经过2004到2014这十年，我们在全面信息化的探索过程中，可以说收益非常大。2008年，我们已经遍布70多个城市了，遍及中国的16个省、市，如果没有这十年的信息化工作，管理是很难的，跨度非常大。

秦　朔：对。

王玉锁：怎么管？完全是靠信息化。可以说，没有信息化就没有新奥集团的今天。但是它带来的大企业病、效率低下、缺乏活力等，让我感觉非常苦恼，我始终在寻找新的方法和新的思路。2014年，新奥集

改变世界（五）：中国杰出企业家管理思想精粹

团提出来，要拥抱互联网，进入数字时代。

新奥集团董事局主席王玉锁

秦　朔： 数字化？

王玉锁： 首先，一定要激发基层组织的积极性。我们一直是传统的职能管理，再怎么管，也都是盲人摸象，只能摸到一部分。要想真正管理好，就是让他们自己管理自己，所以，基于激发基层积极性的目的，我们做了自驱组织。

秦　朔： 自驱组织。

王玉锁： 当然，在这方面，我们有可学的东西，比方说稻盛和夫的阿米巴管理，已经有了一定的探索。但是，探索后，如果还是原来那种职能管理的话，自驱就是空话。

秦　朔： 对，长不出来。

王玉锁： 长不出来的。所以，我们就改变了传统的职能部门，让它赋能。也就是说，你不是在管他们，而是在支持他们，和他们共同为客户创造价值，为客户提供服务，只有在这个时候，你才有意义。我们称之为"客户牵引，创值方存"。如果你不创值，就没有存在的意义，由此形成了一个自驱组织。但要在一定的规则下，这个规则就是赋能，在这个范畴里，你可以随便想、随便干。

当然，因为数字技术，你做的任何的事儿，我都知道。你一旦损害了客户利益和企业利益，我们有风险赋能群，会第一时间到岗，都不一定是人到位了。

秦　朔： 对。
王玉锁： 数字就到位了，告诉你这样不对，你如果还这么做，我就把你所有的系统都关了。新奥集团建了这么一种自驱加赋能的全员激励的组织体系。我们定义了一个时髦的词，叫"生态组织"。

秦　朔： 这可能是新奥集团非常大的一个创新。
王玉锁： 对。

秦　朔： 而且，过去我们一讲到创新，都是市场的创新、供应链的创新、技术的创新，你们这可能是关于创新的创新。
王玉锁： 是。

秦　朔： 所以，要有一个与创新有关的机制和文化，来支持更多的创新，让它自行生长。我们这个项目组采访过张瑞敏先生，他在探索人单合一，打破中间层，让中间层为基层小微组织服务，做得特别辛苦。我感觉到，您这里已经摸索出一种很成体系、已经在正常运作的模式，能不能具体举一个案例？
王玉锁： 好。其实行业不一样，创新或者重构的工作量是不一样的。

改变世界（五）：中国杰出企业家管理思想精粹

从我们这个行业来说，只要是把基础、理念、架构搭建起来，相对就容易开展，因为是还基层权力的方式。

秦　朔：还权。
王玉锁：还权的一个方式，所以，大家积极性非常高。我讲一下感受，新奥集团从1996年到2014年，没有停止过对管理的探索。但是，每一次在往下推广的时候都感觉很累，基本上是上热下凉，下边需要很长时间才能有反应。只有这一次，自驱加赋能的理念的推广，基层响应非常热烈，大家都抢着试点，真的是久违的一种感觉，非常好。

给你举个例子，我们高层领导每年都去下边调研，或者说去拜访客户。记得是2017年年底，我去蚌埠的一个网格所，他们已经开始实施自驱了。他们给我讲了一个故事，自驱后，工资有涨了一倍的，有两倍的，还有三倍的。一个伙伴（新奥集团称员工为伙伴，编者注）站起来说："主席，我和你讲一个亲身体会，原来，在新奥如果去维修，要是遇上刮风下雨，公司必须是给派车的，不给派车是不去的。自驱以后，我就抢单了，我开自己的车去，我算了一笔账，反正我都得开车上下班，油耗都是固定的。如果我多做三单，油钱就有了，我能算出自己多挣了多少钱。所以，我如果开自己的车，不等公司的，可以多抢五到十单。除了油钱，我还能赚两单。"

秦　朔：剩下了。
王玉锁：我要多抢十单呢？我就赚了七单的，就是这么一个账。我说非常好。当然，从赋能来说，我觉得有两个比较重要的体会，一个是人才，原来我们叫人事部或人力资源部。现在叫人才激发管理群。原来上面各级都是部，现在都叫群，各种赋能群，像人才激发赋能群、财务与投资赋能群。为什么要这样？你不要天天关着门来工作，要把门打开，部门和部门之间的围墙也就打开了。所以，我们这次的管理重构，部门和部门的协作就非常好，他们也知道，如果不这么做，部门就没有存在的意义了。所以，现在像我们做的iCome，他们就是5个人，有管战略的，有管客户市场的，有管人才激发，有管财务的，再加上IT的负责人，就这5个人，每天开会，一个月和我汇报一次，每次汇报都有很大的提高，配合得非常好。从这个角度看，我觉得大家的意识真的是提高了。

秦　朔：您的讲话里提到在数字化的时代里要重构几种关系。
王玉锁：对。

秦　朔：包括和客户的，还包括员工之间的关系都要重构。
王玉锁：对。

秦　朔：通过生产关系的重构，带动生产力的发展。
王玉锁：太对了。

秦　朔：这些关于管理创新的想法，更多的是来自企业存在的问题和市场的倒逼，还是来自你自己读书和学习，接触很多企业家，究竟是怎么出来的？
王玉锁：我觉得您讲的几个原因都有。首先，还是经营企业过程中的困惑或者痛点。问题导向，解决一个问题又出一个问题，解决一个问题又出一个问题，甚至于我觉得管理太复杂了，摁了葫芦瓢起来，没有止境。

秦　朔：对。
王玉锁：我觉得是一种思考，因为是问题导向，你就要不断地寻找解决问题的方法，可以和朋友们学，和行业标杆学，也可以和书本学，但更多的是要自己思考出体系性的东西来，没有现成的东西可以照搬的。

改变世界（五）：中国杰出企业家管理思想精粹

秦　　朔：是的。

王玉锁：这儿有个亮点，那儿有个亮点，按照你的逻辑和理念放在一起的时候，这个东西肯定就是新的，肯定能解决问题。因为你是带着问题去学习和思考的，那就非常适合自己了。所以，我们现在不管是对新奥集团的哲学，也叫"新奥之道"，还是对企业价值观的重新定位，也包括整个iCome平台规则的定位，甚至于名字，现在在新奥集团，我们不许叫管理，叫理政，叫召集人或者叫理政师。

秦　　朔：像群主一样。

王玉锁：对，就是群主，我们的召集人就是群主。

新奥集团王玉锁主席（左）与秦朔先生

秦　　朔：这非常有意思。我注意到，新奥集团这几年的发展，从外面请来的职业经理人增多了，感觉他们和新奥集团的融合还是蛮好的。

王玉锁：对。

秦　朔：在别的公司，老板对职业经理人一开始都有点叶公好龙，请来后一直要捧着。还有一些，新的管理干部和原有的管理干部之间容易有冲突，因为他们的绩效评估、待遇各方面都不一样。

王玉锁：对。

秦　朔：但我感觉到，你们的生态环境是比较好的，这是因为文化价值观的作用呢，还是你有意识地去调和，是什么原因让不同种类的人才在这里都可以去发展。

王玉锁：这个问题非常好，也很有深度。从1996年实施的管理年开始，或者说管理升级，我们引进优秀人才的工作始终没有停止过，包括2004年、2005年招收科学家，也包括2014年后，大量招收有经验的、符合未来发展要求的人才，我们不叫职业经理人，叫新的伙伴。这和从1996年开始打下的基础关系非常大，这是第一个。

第二，我基本上给伙伴们一个非常大的要求。我会告诉他们，这是给你的最后机会，要再解决不了，那别怨我了。团队就是这么适应过来的，新来的伙伴也慢慢适应过来。

第三，我觉得给他们要找好后路。新奥集团有个功勋俱乐部，有功劳的，不要一下子把人踢走，你可以到功勋俱乐部享受经营成果，大家也很高兴。所以，大家以能不能进功勋俱乐部来衡量自己对新奥集团的贡献，新奥集团也有句很重的话，就是"你要再这样，就进不了功勋俱乐部了"，这个俱乐部可以养到80岁，每年都会有一些收入，大家很高兴。

秦　朔：很在意。

王玉锁：很在意，解决了他的后顾之忧，他也没必要捣乱了，捣乱后还不知道下场是什么，还不如好好配合。

秦　朔：对，有正向的激励。

王玉锁：对。

秦　朔：王主席，刚才我们讨论了很多管理的问题。下面我们再讨论一下和创新有关的话题。在我看来，新奥集团已经不是传统意义上做城市公用事业燃气的公司，已经是一个综合能源解决方案的供应商，而且是以清洁能源为主导。在这里，从技术、包括接收站，一站式解决方式等，我觉得在很多方面还是有很多创新的。

王玉锁：对。

秦　朔：您是从什么时候开始不再满足于传统的服务，而开始从方方面面往前推进的呢？

王玉锁：应该是从2008年金融危机以后。2008年的金融危机给了我一个非常大的教育，或者说敲了我一棒。民营企业的发展方式应该是和国有企业不一样的，绝对不能做重投入、重资产，不断靠投资来扩大规模。那个时候，我们已经开始往上游走了，有自己的煤矿，也有了自己的煤制天然气基地。

秦　朔：煤制气的基地。

王玉锁：所以，投入是非常大的。2008年以后，我觉得这种方法不行，我们必须进上游，但是，进上游要以技术创新为核心，以此为上游作贡献，创造价值，然后分得我们应该得到的气源，应该走这条路。

秦　朔：对。

王玉锁：所以，我们在上游开始研发煤制气。当然，我们运气不错，2018年已经开始工业化，示范很成功，开始往外推了，这是一个方面。第二个方面，要重视最重要的优质资源——客户。2008年，我们大概有100多个工业园区，800万个家庭客户，这些客户资源是我们民营企业最大的优势。

秦　朔：对。
王玉锁：所以，我希望，客户不是为了买气，他使用的应该是能量。

秦　朔：对。
王玉锁：能量本身就是有全价值链的梯度利用，也就是说，买了燃气以后，我们会发现他只用了能量的一部分，没有全部用起来，这是浪费。基于这种考虑，我们要从一个燃气运营商转变到综合能源运营商，必须要有技术，所以，从技术上，我们由原来的单点效率计算到系统能效计算，给客户提供解决方案。原来，我们计算这个生产线需要多少气，计算完后算一个值，这就是你的量，很简单。现在不行，你必须给他算你的能量，就是你整个生产线是用了哪一块的能量，其他不用的能量可不可以把它转化出来卖掉？作为企业，当然是很高兴，可以把富余的东西卖掉，这样，系统能效就大大提高了。说起来容易，做起来很难，首先必须要有技术创新，所以，我们现在基于泛能网的数字信息化技术开展能源转化、设施等方面的创新。比方说，我们在上海的新奥动力微燃机，是新的上海基地，已经开始奠基动工了，其实是填补国内空白的。

秦　朔：国内空白。
王玉锁：另外，基于对于客户的能源使用时的材料。比方说，我们做的石墨烯，它的特质就是热电转化效率非常高，不外乎就是能源到了客户端，要不用热，要不用电。在转化效率非常高的情况下，就非常好了。所以，新奥集团的产业链不是简单的天然气的上游、中游、下游，而是一直到客户的使用侧的能源能效的提高，我们基本上都做通了。

秦　朔：对。
王玉锁：所以，在这方面，我觉得从2008年开始，到现在十几年的发

改变世界（五）：中国杰出企业家管理思想精粹

展，还是蛮有成绩的。

秦　朔：综合能源利用到运营商的转型，互联网，包括物联网都提供了很好的一个条件。讲泛能网，我理解说从接入开始就是泛入，其实，未来各种各样的能源利用形式都应该可以介入。
王玉锁：对。

秦　朔：那接下来是泛出了，作为客户，帮助他们利用后，让他们也有更经济的、综合性的回报。
王玉锁：非常对。

秦　朔：但是，我有一个问题，各种各样的能源形式接入的时候，有的可能是气，有的可能是电，在供应侧又是不同的，有的是电力部门，有的是燃气部门，类似这样的问题，你们是用什么方法进行整合的？
王玉锁：在行业当中我们叫条块分割。电是电，气是气，热是热，油是油，很难形成合力，也就是很难形成能量的梯度利用。

秦　朔：调配都很难。
王玉锁：对，所以要感谢数字时代，感谢互联网，也只有数字技术出现以后，这些东西才能迎刃而解。

秦　朔：有没有这样的成功案例呢？
王玉锁：当然有，新奥集团现在在做的几个行业，比方说大型交通枢纽，在黄花机场做了一个成功案例。

秦　朔：长沙的，是吧？
王玉锁：对。山东的青岛机场、广州的白云机场二期，都是新奥集团在做。我们先去做试点，各个类型的都做。还有盐城的亭湖医院。兴隆化工，株洲的一个化工企业，还有食品企业等，都做了很多的实验。做完点上的，接着就是网的，比方说，我们的中德生态园，就是网的。

秦　朔：对。
王玉锁：还有我们现在做的余杭生态园，包括肇庆、东莞的环保工业园等，我们做了很多园区的东西。还做了一些城市的，比方说东莞。通过这些，我们发现这种系统能效能挖掘的潜质空间非常大。通过计算，原来整体效率从一次能源到二次能源转化过程当中，大概是27到35不等，最高的35，最低的27。当然也有生产中和输配中的消耗。但是，如果按系统能效，我们能达到80%~90%。

秦　朔：这个飞跃不得了。
王玉锁：也就是说，按照这个计算，按照现在每年用标准煤41亿吨的话，有20亿吨就够了。再换句话说，41亿吨煤可以做比现在多一倍的GDP。

秦　朔：GDP的创造。
王玉锁：如果真的是把这个体系建立起来，对社会的贡献是非常大的。所以，在这方面，真的感谢数字时代带来的改变。

秦　朔：在供应这一端，利益分享问题是怎么解决的呢？比如说，原来是我单供电，你单供气，现在把我也弄进来，那我的利益怎么保证？
王玉锁：这个问题非常好，我也非常想讲。用数字化来搭建的体系，谁的奶酪也不动，通过系统给各个利益方和相关方，或者说各个生态位提供数据服务，使其更精准地供，更精准地用，或者说更精准地用带来更精准地供，这是一个方面。

第二方面，因为用人工智能的方式，可以把政策用得非常足。很多政策，我们都要靠人去算，效率太低。用人工智能就能非常好地实现政府要达到、想达到的效果。因为都融在算法里，算法支配人工智能在做。当然，也会衔接很多专业。比方说，国网在做泛在电力物联网。

秦　朔：对。

王玉锁：泛能网是个综合能源网，里边有电力。我把数字给你，你就会很好地了解综合能源使用的情况，是吧？比方说燃气，新奥燃气，我们有泛能网，我给你数据，和你上游来接，我的客户来和你的管网对接。将来燃气改革方向，管网是管网的，销售是销售的，也就是网销分离，你在分离的时候，用我这个平台保证了你的效率。所以，在不影响任何合作伙伴、任何生态位的利益情况下提高效率。

秦　朔：刚才您讲的泛能网，让我对中国用一种更清洁、集约、高效的方法解决能源挑战增添了信心。但对于一般观众来讲，究竟什么是泛能网，可能还会有一些不理解，您能不能给我们更精确的、或者说有一些案例，来描绘泛能网的现实和未来？

王玉锁：好，我觉得不用背概念，它有几个特点。第一，泛能网一定是能量的梯度利用。第二，一定是可再生能源或者清洁能源优先，然后才是排烟的，清洁能源优先。第三，是因地制宜，不同地区有不同特色的地区资源，比方说地热资源、太阳资源、风的资源，还包括生物资源，所以，一定是因地制宜，以当地能源为主，用完了后再外输。

秦　朔：对。

王玉锁：这是三个特点。这三个特点都围绕着一个问题，就是以需求侧为牵引，在这个基础上，形成了我们的泛能理念，再基于对数字的掌握，提供生态位，或者说生态圈的各个参与方提供赋能，形成泛能网。

王玉锁——不安与变革

秦　朔：是不是可以说是一个数据驱动的精准化的能源部署，或者说一个体系。

王玉锁：没错。新奥集团的使命就是建立现代能源体系，做法就是用数字技术重构。

新奥集团董事局主席王玉锁

秦　朔：我去过一些大型工厂，发现了一个问题：不同的车间，库存的、生产的、办公的，用的空调都是一样的温度。事实上，我觉得不同的条件应该是不一样的，但是，类似的问题在过去是解决不了的。

王玉锁：对。

改变世界（五）：中国杰出企业家管理思想精粹

秦　朔：但是，未来更加精准以后，每一个空间应该用什么样的能耗和供应能源的条件，都是能够做到匹配和调配的。

王玉锁：对的，刚才讲的长沙黄花机场，就是基于航站楼温度的变化，乘客的多少来调节温度，指挥供给侧运行。当然也包括室外温度的变化。

秦　朔：对。

王玉锁：比方说，政府现在都想去做能源方面的治理工作，原来基本上是靠报表或者靠传统的IT来做，是有点滞后的。如果用数字技术，通过新奥的泛能网，治理工作就非常清楚了。用的能源的源是什么，或者说环保程度怎么样，包括它的量就很清楚了。因为能源对于每一级政府都是很重要的，会有的放矢地规划自己的能源体系。所以，在政府能源治理方面，泛能网还是起了很大的作用。

秦　朔：王主席，新奥集团除了和能源相关联的解决方案以外，还有一些生命健康等其他产业，新奥集团的产业布局能不能给我们介绍一下？

王玉锁：新奥集团在产业布局上有一句话，叫"两点、两链、两圈、一平台"。"两点"就是新奥集团历史上的产业，是所有产业的来源，二十世纪九十年代做的城市燃气和地产。后来做了"两链"，一是能源产业链，现在大家看到的，产业链的上、中、下游都很完整。2004年以后，新奥地产不再是主要的了，开始往生活方面转，也就是现在我们做的文化、健康、旅游的品质生活产品链，这是我们的"两链"。我们对这两个行业有了深刻的理解，能源的痛点在哪儿，以及品质生活的核心其实是健康。

秦　朔：对。

王玉锁：在这个基础上，基于2000万个家庭客户连接在我们的管网上，还有四五百个工业园区客户，我们打造了泛能网生态圈，就是能源生态圈。另外，基于2000万个客户的健康需求，我们还打造了健康生态圈。这两个生态圈都和物联网有关。

秦　朔：对。
王玉锁：传统的互联网又不太支撑这个物联网，所以，我们又搭建了自己的智能物联网平台，这就是我们的"两点、两链、两圈、一平台"。"两链"是我们现在在做的，在支撑现今的产业布局。"两圈"是希望在2024年以前做好的。"一平台"，因为是我们自己需要，所以在逐渐打造，基本上是这么一个产业规划。

秦　朔：最近这几年，民营经济发展遇到了一定的挑战，有供给侧改革带来的机遇，但也有一些传统生产方式的问题。我觉得，新奥集团在国家和民营企业相关的政策方面总是幸运儿。比如说，我注意到你们舟山的液态天然气的整个储、运，包括供气等，为什么你们每一次都能够抓住政策的机遇。舟山这个项目好像是国家发改委特批的。
王玉锁：对。

秦　朔：是第一个民营企业能够承担这样使命的。
王玉锁：是的，我们真的很感谢政府对我们的支持。新奥集团有一个特点，就是具有很强的危机意识。有了危机后，当然是要有前瞻，前瞻的来源是什么？就是研读每一期的五年计划，你会从五年计划当中寻找到方向。

秦　朔：对。
王玉锁：所以，我这也感谢20年全国政协委员的经历，五年计划我们都参与讨论，让我对行业的未来发展有了前瞻性信息。有了这种危机意识，再带着这种意识去在五年计划里找未来，可以这么说，不管碰到什么问题，我们都提前做了准备，这可能是一个主要原因。

另外，你在行业当中还要做得很好。包括刚才讲的，国家发改委当时是把我们作为投资体制改革的示范项目来做的。原来，接收站基本都是三大油在做，三大油能力确实比较强。

秦　朔：对。

王玉锁：国家发改委这么考虑也是对的，总怕出问题。但是，这种投资体制又不允许，所以，它就要找有能力的，就让新奥集团试试。一试还是比较成功，也作为了改革开放40年的成果，在博物馆展出。我的一个体会，每一个企业要想得到政府的支持，你必须自己得做好。你做好了，政府自然而然会来找你。你碰到复杂时期的时候，心里相对会比较从容。

秦　朔：对，也是给更多的民营企业一个很好的示范。谢谢您接受我们的访谈！

王玉锁：谢谢！

【专家点评】

新奥王玉锁：押注国策，超越自己

秦朔
中国商业文明研究中心发起人

王玉锁领导的新奥集团，公众知名度并不高，其实是一个相当大的商业存在——它的业务覆盖中国27个省、自治区、直辖市的209座城市及东南亚、南亚、非洲、大洋洲等地区，旗下有新奥能源、新奥股份、新智认知、西藏旅游四家上市公司，不仅形成了贯穿下游分销、中游贸易储运和上游生产的清洁能源产业链，还在健康、文化、旅游、置业等领域构建起生命健康产品链。

这个有近5万名员工、2018年实现了1611亿元经营收入的集团，在英国品牌评估机构Brand Finance发布"2019全球最有价值的50大公用事业品牌"中排名29位，在上榜中国企业中仅次于国家电网，高于国电电力（第34位）、大唐国际（第36位）、中广核（第49位）。同时，新奥集团也是五家中国企业中唯一的民营企业，也是唯一从事城市燃气、综合能源服务业务的企业。到2018年年底，新奥集团在187个城市的燃气项目，覆盖可接驳人口9457万人。

1985年，年轻的王玉锁从预售液化气气罐、灶具，开始创业。后来他发现液化气使用不便，就想到把天然气管道铺进千家万户。1992年，生产要素改革让新奥集团有机会与地方政府合作，将石油伴生气引入廊坊开发区、廊坊市区，成为首批进入公共事业领域的民营企业。由于燃气产业一直由国企垄断，新奥集团一直没有机会走出廊坊，1998年国家启动"西气东输"战略，新奥集团拿下了新疆塔中、塔北两家油田的2口气井，并从拿下一些不起眼的二、三线中小城市的独家燃气专营权开始，"西气东输"的管道铺到哪，新奥燃气就开到哪。2000年新奥一举拿下了25个城市的燃气经营权。2001年，新奥能源在中国香港成功上市。

新奥集团是时代的产物。它赶上了中国加入WTO，按照入世承诺，原国家计委出台意见，鼓励和引导民间投资以独资等方式，参与经营性的基础设施和公益事业项目建设。在"打破垄断，开放市场，推进市政公用行业市场化"的政策背景下，新奥集团进入了快速发展，直到今天。

一部新奥集团的发展史，就是以民企之身，紧紧围绕国家政策（价格改革、西气东输、鼓励民间投资进入基础设施等），押注中国市场，积极进取的历史。王玉锁对于国家的感情是真实的、真挚的。

在另一方面，新奥集团非常珍惜机会，因此从未停止超越自我、提高服务能力、不给用户找添麻烦、不给政府添堵的步伐。燃气涉及公用事业，现金流稳定，但涉及千家万户的民生，利润率不可能高，政府对于价格有很强的调控力。新奥集团一边建设性地遵循政府要求，一边更多地进行内部挖潜、创新、管理升级，以用户为本提升服务，基于用户黏性和信任，提供增值服务，创造价值。

让政府满意，让用户满意，用户满意政府才能满意，王玉锁在这方面领悟得透彻，贯彻得坚决，所以他是长期主义的信奉者，最终也是基业长青的赢家。例如，2018年10月正式投运的新奥舟山LNG接收站，是国内首家由民营企业投建、运营的大型LNG接收站项目，在保障国内天然气气源和促进贸易等方面将发挥日益显著的作用。这样的机会不是一般的民企能够获得的，但新奥集团积累了信用，让政府建立了信心，所以就有了"喝头啖汤"的机遇。

早期发展的时候，市场处在供不应求的紧缺经济，新奥集团发挥民企的效率优势，快速进入市场，攻城掠地；当经济增速出现下行，新奥集团更在意的是练好内功，通过提升自己内部的力量来提高效益。

一是对商业模式进行检讨，从卖产品到为客户提供整体能源解决方案，尤其是拥抱互联网、数字时代，在找到行业痛点的同时通过数字技术去找方案。例如，新奥集团和湖南省机场管理集团在长沙黄花国际机场共同建设了国内机场首个集计量、电力、水力、燃气、空调5大管理系统为一体的线上能源集成管理平台。黄花机场逐步淘汰了旧有机械式计量表，对机场的三大能源——水、电、燃气进行全面智能计量，对机场下辖变电站、供水站配备了视频监控设备，进行远程控制；对机场范围内能源信息、能源设施网络、能源服务实行全流程统一管理，当一个登机口没有旅客时，平台可根据反馈数据进行智能调控，将该登机口附近的照明调弱、空调出风减少，从而有效降低能耗。

二是在技术研发上下大力气投入。例如，新奥集团在上海临港建设动力燃气轮机研制基地。ENN100微型燃气轮机是新奥集团研发制造的首款微型燃气轮机，总体性能指标达到国内领先水平，核心机部件100%国产化，填补了国内微型燃气轮机产业化空白。

三是努力调动内部员工的积极性，由原来老的雇用关系慢慢过渡到合伙关系。王玉锁提出，让员工自驱是比任何管理工具都管用的方法，所以要用赋能代替职能化的管理，用数字来换取资源，构建一个更有弹性的、有活力的生态组织。

只有夕阳的企业，没有夕阳的产业。在王玉锁的引领下，新奥集团已经成为数字化、智能化的综合能源服务商，构建起了基于物联网的智慧型天然气交易和配送服务平台。这一平台可提供以能源交易、能源交割、能源交付为主的基础服务，以智慧物流、能源装备、互联网金融、能源资讯为主的产业服务，以物联网、大数据为主的深井式服务，借此搭建清洁、安全、经济、高效的多边能源交易新市场，打造现代能源体系，构建数字能源新生态。